차갑지도 뜨겁지도 않은 청춘에게

차갑지도 뜨겁지도 않은
청춘에게

이강락 지음

늘 가까이에서 삶의 모든 여정을 함께하는 아내와
두 아들 태훈, 지훈에게 감사를 전한다

| 서문 |

　컨설턴트는 다양한 사람들을 만나야 하는 숙명을 타고났다. 무언가를 창출하고 해답을 고안해내는 묘안이 사람과의 관계 속에서 나오기 때문이다. 만남에 대한 뼈 굵은 철학을 설파하려는 것은 아니다. 다만 컨설팅 경력이 쌓여갈수록 사람과의 만남이 주는 매력이 혼자 맛보기 아까울 뿐이다.
　종횡무진 현장을 누벼야 하는 컨설턴트는 사람 냄새를 너무 진하게 맡는다. 사람 숲에서 많은 것을 보고 들으며 기쁨, 탄식, 아픔, 환희, 슬픔, 환호를 온몸으로 느낀다. 나아가 컨설턴트는 다양한 사업의 흥망성쇠를 목격하는 목격자이자 그러한 목격담을 모든 이에게 전달하고 나누는 증인이다.
　그러다 보니 컨설턴트는 지도하는 동시에 배우며, 그것을 잘 전파하라는 지상명령을 부여받은 존재인 것만 같다. 대학교에 특강을 하러 가서 만나는 청년들의 패기를 격려하고 싶고, 교회에서 만나는 청년들에게는 멘토가 되어주고 싶다. 독서 클럽에서 만나는 젊은이들에게는 자신감과 동기부여를 해주고 싶고 고객 회사의 직원들에게는 자기계발에 대하여 조언을 해주고 싶다. 다양한 인연 가운데 만나는 모든 사람들에게 어떠한 상황에서도 좌절하지 말고, 희망을 가지고 도전하라고 말하고 싶다. 가까이에 있는 모든 기업인들에게는 세계 최고의 기업으로 성장시키는 소명의식을 함께 나누고 싶다. 그리고 이러한 '앎'을 나누는 가장 효과적인 방법은 활자로 남기는 것이다. 그런 생각에 자연스럽게 이 책을 쓰게 되었다.

인생의 길을 걷다 보면 순간순간 절망에 이르게 할 만큼 커 보이는 갈등과 고민에 직면하게 된다. 그런 문제는 분명 죽는 날까지 쉬지 않고 찾아올 것이다. 누구나 자기 욕망을 따라 미래로 발을 내딛지만 완벽한 준비는 불가능하다. 따라서 우리는 현재 주어진 여건에서 최선의 선택을 통해 최대한 땀을 내어 달려가야만 한다. 이때 어떤 상황이 주어지든 실망은 금물이다. 인생의 매력은 때가 되면 예상치 않은 새로운 기회를 던져주는 데 있기 때문이다.

그리고 열심히 인생과 맞장을 뜬 결과, 현재 어느 정도 성과를 거뒀다면 그것을 몽땅 자기 주머니에 넣지 않기를 바란다. 혼자의 노력만으로 결실을 거두는 사람은 없다. 사실 한 사람의 인생은 결코 혼자 힘으로 만들어지는 것이 아니다. 다양한 주변 분들의 격려와 안내와 조언으로 만들어지는 것이다. 나의 인생도 마찬가지다. 만약에 나에게 자랑할 일이 있다면, 이는 전적으로 오늘의 나를 만들어준 모든 분들의 작품일 뿐이다. 남에게 도움을 받은 것이 너무나 많아서 도저히 갚을 수 없기에 후배들에게 대신 갚아주는 것이 마땅하다는 생각이 든다.

여러분들도 주변 여건이나 환경이 도와주지 않았다면 내 입에 달콤한 밥이 들어갈 수 없음을 깨닫고 사회적 책임에 관심을 기울였으면 한다. 나아가 삶의 건강한 태도는 '사랑의 실천'임을 알고 이를 가장 소중하고 자랑스러운 가치로 삼았으면 싶다.

많은 사람들이 나에게 베풀어준 교훈과 가르침이 오늘의 나를 만들었다. 나는 오늘도 나에게 삶을 나눠준 부모, 형제, 친구, 선배의 노고를 헛되이 하지 않겠다는 각오로 희망을 낚는다.

이러한 과정에서 배운 삶의 이야기를 나누고, 전하고 싶다. 차갑지도 뜨겁지도 않는 모든 청춘들에게 미래를 함께 열자고 외치고 싶다. 최고에 도전하는 삶과 아낌없이 섬기는 삶의 조화를 꿈꾸어보면서…….

2011년 1월
이강락

CONTENTS

서문 · 5

제1장 | 크게 생각할수록 크게 이룬다

남다른 오늘이 더 나은 내일을 만든다 · 13 / 오늘 하루 어떤 생각을 하며 보냈는가? · 19 / 나를 바꾸는 사색의 힘 · 25 / 세상은 나를 중심으로 돌아간다 · 30 / 열정으로 가슴이 뛰게 하라 · 35 / 잘하는 것에 집중하라 · 44 / 제 1의 연구주제, 나 · 48 / 생각의 흐름이 미래를 결정한다 · 54

제2장 | 모든 에너지를 현재에 쏟아라

산전, 수전, 공중전 · 63 / 운명과 맞장 뜨기 · 70 / 최악과 최선, 모든 길은 두 개 중 하나 · 76 / 진정한 프로가 되는 길 · 82 / 익숙한 길에서 벗어나라 · 88 / 공부하고 또 공부하라 · 98 / 현재는 찬란한 미래의 밑거름 · 104

제3장 | 인생의 길을 찾는 법, 선택과 집중

10개 중에서 한두 개만 취하라 · 115 / 핵심을 짚는 선택의 기술 · 122 / 루트 코스를 파악하라 · 127 / 승자는 관리하고, 패자는 끌려간다 · 133 / 노력을 이기는 것은 없다 · 139 / 위대한 잠재력을 지닌 나라, 한국 · 146 / 남들이 원하는 것이 아닌 내가 원하는 것 · 153

제4장 | 혼자가 아니라 함께 가라

리더는 '함께 가자'고 말한다 · 163 / 개인은 팀을 이길 수 없다 · 170 / 세상을 바꾸는 출발점은 바로 나 · 176 / 혼자 가려고 하지 마라 · 182 / 1 + 1 + 1 = ? · 188 / 넓고 깊게 보며 전진하라 · 194 / 울타리를 치고 벼랑에서 밀어라 · 199

제5장 | 세상에 유익한 씨앗을 뿌려라

나만의 확고한 가치관을 세우라 · 207 / 성공을 혼자만의 주머니에 넣지 마라 · 213 / 한 뼘만큼이라도 세상에 기여하기 · 219 / 봉사는 달콤한 열매를 맺는다 · 225 / 세상에 아름다움을 남겨라 · 230 / 차원이 다른 삶을 살길 원한다면 · 236

| 제1장 |

크게 생각할수록 크게 이룬다

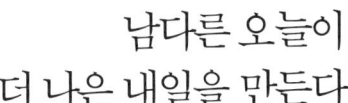

남다른 오늘이
더 나은 내일을 만든다

우리는 간혹 '나는 누구인가' '무엇을 위해 존재하는가' 하는 심각한 고민에 빠지곤 한다. 이러한 의문은 인류의 문명을 찬란하게 꽃피워 온 토대이자 미래로 나아가게 하는 동력이다. 자신을 바로 알고 있어야 올바른 방향으로 보다 빠르게 나아갈 수 있다.

최근에 우연히 지금으로부터 30년 전의 기록, 그러니까 내가 대학교 3~4학년 시절에 끼적거렸던 일기장을 보게 되었다. 사회적 현실과 진로 문제로 한창 고민하던 그 시절에 나는 어떤 생각을 일기장에 펼쳐놓았을까?

마침 한국 경제가 고도 성장기를 구가하던 무렵이라 그런지 요즘의 청년들과 달리 취업에 대한 고민의 흔적은 보이지 않았다. 또한 극히 개인적이고 현실적인 문제에 사로잡혀 소시민적으로 치열하게 현실을 비판하거나 사회 문제를 꼬집는 내용도 거의 없었다. 그렇다고 아무런 고민 없이 그 굵직한 청춘을 흘려보냈던 것은 아니다.

듬성듬성한 활자 사이로 청춘을 살아내는 젊은이가 일반적으로 번민하는 내용들이 휙휙 지나가고 있었다. 가끔은 인생이 나를 심하게 채근하고 독려했는지 어떤 계기로 특별한 결심을 하게 되었다는 기록이 눈에 띄기도 했다.

'시간이 바람처럼 흘러간다. 미래에 나는 어떤 모습일까? 나는 이런 사람이 되었으면 좋겠다.' '이 사회에 꼭 필요한 사람이 되고 싶다. 내가 걸어가야 할 길은 대체 무엇인가?' 더러는 어금니를 꽉 깨무는 영상이 스쳐 지나갈 정도로 강렬하게 각오를 다지는 글이나 선언문이 나오기도 했다.

그런데 일기장을 뒤로 넘길수록 온몸에 소름이 돋는 것 같았다. 영화 '백투더퓨처'에나 나옴직한 내용을 확인한 순간, 일기장을 보는 내 눈을 의심하기까지 했다. 당시에는 현재의 내 모습을 전혀 예상하지 못했을 텐데, 오늘날 내 모습은 그 시절에 결심한 그대로였다. 유명한 점쟁이나 신이 아니고서야 내가 어찌 30년 후 미래의 모습을 알 수 있었겠는가. 하지만 기록이 이를 분명히 보여주고 있었다. 방향성은 정했지만 내 모습이 어떠할지에 대해서는 전혀 알 수 없었던 시절에 써 놓은 글대로, 지금의 내 모습은 당시에 '이렇게 살아야지' 하고 결심했던 삶과 거의 유사했다. 30년 전의 생각이 현재에 고스란히 나타나 있었다.

더욱 흥미로운 점은 과정은 내가 생각했던 대로 진행되지 않았지만 결과는 같았다는 사실이다. 목표와 과정은 내가 지내온 것과 다른 것도 있고 정확히 일치하는 것도 있었지만 결과는 일맥상통했다. 이것은 '모로 가도 서울만 가면 된다'라는 말처럼 비록 과정에 차이가 있을지언정 사람은 결국 자신이 결심하고 각오하는 대로 이루게 된다는 것을 의미한다.

사람이 일생을 살아내는 과정에는 거의 차이가 없다. 누구나 태어나서 유아기, 아동기, 청소년기, 청년기, 중장년기, 노년기를 거치게 된다. 어쩌면 그렇기 때문에 시대를 막론하고 생각과 실천의 중요성을 강조하는 말이 지천으로 널려 있는 것인지도 모른다.

오늘 특별한 일기를 써보라. '10년 후, 20년 후에 어떤 사람이 되고 싶은가?' '30년 후에 어떤 사람으로 평가받고 싶은가?'에 대해서 써보라. 좀 더 나아가 유언장을 작성해보는 것도 좋다. '삶과 한바탕 씨름한 후 세상을 떠날 때 무엇을 남겨놓고 싶은가?' 혹은 사명선언문도 좋다. '내 존재 가치는 무엇인가?' '나는 어떤 일을 하고 싶은가?' '나는 어떤 사람으로 남고 싶은가?' 등등.

미래의 내 모습을 떠올려봤다면, 이제 그 생각을 행동으로 옮겨야 한다. 절대 '내일부터 해야지'라고 생각하지 마라. 캐나다의 철학자이자 유머 작가인 스티븐 리코크의 말은 시사하는 바가 상당히 크다.

"아이는 '내가 청소년이 되면……'이라고 말한다. 청소년이 되면

'내가 어른이 되면……'이라고 말한다. 어른이 되면 '내가 결혼하면……'이라고 말한다. 하지만 결혼을 해도 달라지는 것은 없다. 단지 그 생각이 '내가 은퇴를 하면……'으로 바뀔 뿐이다. 정말로 은퇴를 하면 그제야 지나온 세월을 되돌아본다. 이때 가슴 한구석이 서늘해지는 것을 느낀다. 그렇게 평생 계획을 놓치다 결국 죽고 만다."

뒤로 미루는 것은 시간이라는 재산을 탕진하는 것과 같다. 벤저민 프랭클린은 분명 '오늘 할 수 있는 일을 내일로 미루지 마라'라는 명언을 남겼지만, 우리는 마치 '내일까지 미룰 수 있는 것은 결코 오늘 하지 마라'라는 말을 들은 것처럼 행동한다. 지금 하지 않으면 아무것도 이룰 수 없다. 좀 극단적으로 말해 내일은 없다. 그것은 게으른 사람의 달력에만 존재할 뿐이다. 우리의 삶은 현재와 현재가 연결되면서 차곡차곡 채워지는 것이며 내일은 오지 않는다.

어느 날 간디가 개최한 회의에 일부 의원들이 지각해 30분이나 늦게 시작되었다. 그러자 간디는 개회를 선포하기 전에 근엄한 목소리로 말했다.

"몇몇 사람의 게으름으로 인해 인도의 독립이 30분이나 늦어졌소."

개중에는 '좀 미루면 어때' '나 하나쯤이야' 하는 안일한 생각으로 일관하다가 중요한 일을 망치는 사람도 있다. 우리가 "내일 하지, 뭐"라는 말을 툭 던지는 그 순간마저도 인생에서 두 번 다시 찾아오지 않는다. 그러므로 현재를 미루어 낭비하지 말고 주어진 시간을 최대로 활용해야 한다.

톨스토이의 단편소설 〈세 가지 의문〉에 보면 다음과 같은 글이 나온다.

"이 세상에서 가장 중요한 때는 언제인가?"

"현재다."

"이 세상에서 가장 중요한 사람은 누구인가?"

"현재 당신이 만나는 사람이다."

"이 세상에서 가장 중요한 일은 무엇인가?"

"현재 당신이 하고 있는 일이다."

날마다 그날이 인생의 마지막이라는 생각으로 현재를 알차게 보내야 한다. 당장 오늘부터 미래를 향한 로드맵을 작성하라. 설사 미래가 불확실할지라도 현재 볼 수 있는 곳까지 설계하고 예측하면서 한 발 한 발 내디뎌야 한다. 지금까지 미뤄왔던 일이 있으면 즉시 시작하고 혹여 미룰 수밖에 없는 상황이라면 그것을 계속 미룰 경우 어떤 손해와 이익이 있는지 따져보라. '희망한다'거나 '바란다'라는 말은 가급적 사용하지 마라. 그보다는 '이루겠다' '해낼 수 있다'라는 긍정적으로 강하게 다짐하는 말을 쓰는 것이 좋다. 말이 씨가 된다고 하지 않던가.

매일 인생을 설계해도 그것이 머릿속에서만 춤을 추면 이뤄지는 것은 아무것도 없다. 결과를 가져오는 것은 바로 행동이다. 그러므로 과감하게 도전하면서 인생의 수레를 밀고 나아가야 한다. 물론 가끔은 실수나 실패를 할 수도 있다. 그것은 미래의 더 큰 아픔을 예방하기 위한 예방주사일 뿐이다. 삶에 어떤 조화가 있는 것인지 모르겠지만 아무리 위대한 인물도 그저 양지만 걸어가지 않았다. 인생은 결코 편파적이지 않다. 어느 누구든 겪을 것은 죄다 겪게 만든다. 그러니 실패를 두려워 말고 그것을 하나의 과정으로 받아들이며 인생을 즐겨야 한다.

오늘 하루
어떤 생각을 하며 보냈는가?

꿈을 꾸는 것과 생각하는 것은 자유다. 설사 몸을 움직일 수 없는 상황에 놓일지라도 우리의 생각과 꿈은 우주 먼 곳까지 날아갈 수 있다. 꿈과 생각은 그만큼 강력하다. 그것을 담고 있는 존재적 실존을 뛰어넘는 가치를 발휘할 정도다. 따라서 우리는 이왕이면 좋은 생각을 해야 한다. 인간에게 주어진 생각하는 힘이 긍정의 에너지를 발휘할 수 있게 하려면 우리의 장점에 초점을 맞춰야 한다. 전 미국 프로농구(NBA) 보스턴 셀틱스의 릭 피티노 감독은 이렇게 말했다.

"나는 하루 중 98퍼센트는 내가 하는 일에 긍정적이다. 나머지 2퍼센트는 어떻게 하면 매사에 긍정적이 될 수 있을까를 궁리한다."

안타깝게도 대다수의 사람이 생각 없이 뭔가에 떠밀려 바쁘게 살아간다. 심지어 하루 종일 종종걸음을 치고도 저녁에 집에 돌아와

"대체 내가 오늘 뭘 했지?"라고 자문하는 경우도 있다. 현대인은 여유롭게 생각할 틈이 없다. 시간의 채찍에 쫓기며 군중의 물결에 떠다니느라 옆으로 고개도 돌리지 못하고 질주한다.

세상에는 두 종류의 사람이 있다. 하나는 생각하며 사는 사람이고 다른 하나는 생각할 틈도 없이 하루하루를 바쁘게 살아가는 사람이다. 간혹 생각 없이 사는 사람이 어디 있느냐고 반문하는 사람도 있다. 그렇다면 질문을 하겠다. '일생에 단 한 번밖에 주어지지 않는 오늘 하루를 어떤 생각을 하며 보냈는가?' 막상 대답하려면 뭐라 해야 할지 대다수의 사람이 난감해한다. 정말 열심히 발버둥치며 살아온 것 같은데 되돌아보면 딱히 무엇을 했는지 꼬집어 말하기 어렵고, 무슨 생각을 했는지 떠올리기가 쉽지 않다. 어느 한 순간 깊이 자신과 삶을 돌아본 적이 없기 때문이다.

중국 노나라에 재경이라는 목수가 살았다. 그의 목공 솜씨는 달인의 경지에 이르러 사람들을 놀라게 했는데, 특히 거문고 제작에서 그의 솜씨를 따라올 사람이 없었다. 마침내 그 소문이 왕의 귀에까지 들어가 재경은 왕 앞에 불려가게 되었다.

"그대는 어떤 기술로 그토록 훌륭한 악기를 만드는가?"

왕이 묻자 재경이 공손한 어조로 대답했다.

"저는 사흘 동안 악기만 생각합니다. 그리고 다시 닷새를 악기에 집중하면 사람들의 칭찬과 비난에 동요하지 않게 됩니다. 그런 다음 다시 이레를 보내면 고요한 마음에 거문고가 떠오릅니다. 그러면 비로소 산에 올라가 나무를 구해 악기를 만들지요."

달인의 경지에 오른 사람이라 할지라도 생각에 생각을 거듭한다는 사실에 집중할 필요가 있다. 자신의 실력을 과신하기보다 스스로를 돌아보는 시간을 갖는 것이 중요하다. 반성과 자신에 대한 성찰은 스스로를 깎아내리는 것이 아니라 미래를 향해 달려갈 추진력이다.

자신을 돌아보고 생각을 정리하는 데 있어 좋은 방법 중 하나가 일기 쓰기다. 일기를 쓰려면 아둔하든 명석하든 누구를 막론하고 머리를 굴려 생각을 하게 된다. 또한 일기를 쓰면 비록 짧은 순간일지언정 모든 것을 멈추고 자신의 행동이나 마음가짐에 대해 생각하는 습관을 들일 수 있다.

기록을 할 때는 보통 자신이 이룬 결과와 앞으로의 계획을 쓰게 된다. 나아가 기록을 통해 반성의 시간이나 또 다른 계획을 착안하는 기회로 삼을 수도 있다. 이때 사람들은 당연히 생각이라는 것을 하게 된다. 결국 일기를 쓴다는 것은 깊이 생각한다는 것을 의미한다.

일기를 쓰는 시간은 대개 그리 길지 않다. 그래도 그 시간은 자기 자신과 대화를 하고 보람되든 그렇지 않든 간에 삶과 스스로를 돌아보는 기회가 된다는 점에서 의미가 크다. 그런 이유로 나는 일기를 쓰는 사람은 미래에 무조건 성공한다고 장담한다. 하루를 돌아보고 미래를 계획하며 끊임없이 반성하는 사람이 성공하지 않으면 대체 누가 성공한다는 말인가.

학창시절에 진저리나게 강요당하며 썼던 기억 때문에 일기 쓰기를 우습게 여기거나 지겨워하는 사람도 있지만 일기 쓰기는 인생의 정화수다. 사는 데 지쳐 갈증이 느껴진다면 일기라는 정화수로 목을 축여 봄이 어떨까. 분명 시원하고 개운함을 느낄 수 있다. 이것은 내가 평범함 속에서 캐낸 진리 중 하나다.

만약 여러분이 오늘부터 일기를 쓰기 시작한다면 어떻게 될까? 그 일기장에 기록된 결심과 각오가 10년, 20년 후에 그대로 이뤄질 확률은 99퍼센트에 달한다. 어떤 사람은 인생이 어떻게 생각한 대로 되느냐고 반문하기도 하지만, 나는 그것을 확신한다. 자신이 못생겼다고 생각하는 사람은 정말로 못생긴 사람이 되어버린다. 시험에 떨어질지도 모른다고 생각하는 수험생은 정말로 떨어지기 십상이다. 처음부터 패배할지도 모른다는 생각으로 변호에 임하는 변호사는 결국 패소한다. '어차피 힘든 일인데'라는 생각으로 일하면 그 일은 정말로 어려워진다.

일의 결과는 능력보다 마음자세에 달려 있다. 소극적인 결과를 예상하면 그것이 마음을 속박해 결국 생각했던 결과밖에 얻지 못할 확률이 높다. 따라서 좋은 결과를 얻으려면 '좋은 결과를 얻을 수 있다'라고 생각해야 한다.

이처럼 인간이 생각의 영향을 많이 받기 때문에 '인간은 생각하는 동물이다'라는 말이 있는 것인지도 모른다. 인간의 마음과 생각은 행동을 강화시키기도 하고 축소시키기도 한다. 한마디로 우리는 생각에 따라 움직인다. 생각으로 유발된 행동과 의사결정이 축적되면 많은 사건과 결과가 만들어진다. 일단 마음을 먹고 행동으로 옮기면 시간이 흐르면서 그것에 익숙해지고 유능해져 기대했던 결과가 나타난다. 뭔가에 대해 철저히 생각하면 그만큼 문제의식도 강해진다. 그러한 의식 작용이 역사에 어떤 흔적을 남겼는지는 몇 가지 사례만 봐도 알 수 있다.

뉴턴은 사과나무에서 사과가 떨어지는 것을 보고 만유인력의 법칙을 발견했다. 또한 제임스 와트는 주전자의 물이 끓을 때 수증기의 힘에 의해 주전자 뚜껑이 열리는 것을 보고 증기기관을 발명했다. 이들은 깊은 생각과 관찰로 일상의 작은 움직임도 예사로 넘기지 않았다. 보통 사람들이 주변에서 늘상 일어나는 극히 평범한 일로 치부해 무덤덤하게 지나치는 것에서 뛰어난 아이디어와 힌트를 낚아챘다.

생각이 생활과 습관을 결정한다는 것은 아무리 강조해도 지나침이 없다. 그리고 이렇게 형성된 생활과 습관은 인생을 정의하게 된다. 이때 중요한 것은 지속성이다. 세상에 태어나 한 번도 좋은 생각을 해보지 않은 사람은 없다. 다만 그것이 계속되지 않아 성공에 이르지 못할 뿐이다.

여기서 여러분의 생각에 채찍을 가하는 '반성'이라는 것은 우리가 삶을 영위하는 동안 지속해야 할 숙제로 남는다. 어제 맨 끈은 오늘 허술해지기 쉽고 내일은 더욱더 풀어지기 쉽다. 그러므로 나날이 끈을 새롭게 여며야 하듯 사람도 결심한 일을 나날이 새롭게 살피며 다잡아야 변하지 않게 된다.

생각과 반성을 거듭하는 과정 속에서 좋은 생각을 하는 사람이 돼라. 나아가 체계적으로 생각하는 능력을 길러라. 생각을 정리하고 기록하라. 그것은 고스란히 인생이라는 드라마를 성공으로 이끌 대본이 된다.

나를 바꾸는
사색의 힘

최근 2~3년은 나에게 매우 의미 깊은 시간이었다. 그 이전까지만 해도 나는 "당신은 참 성실한 것 같다"라는 말을 많이 들었다. 그러나 개인적으로는 인생에서 뭔가 잃어버리고 있는 듯한 느낌이 계속 들었다. 그게 뭘까? 잃어버린 그것을 찾고 싶었던 나는 자주 골똘히 생각에 잠겼고, 그 시간은 점점 늘어만 갔다.

'내가 잃어버린 것은 무엇일까? 현재의 삶이 내가 진정으로 가고자 했던 길인가? 내가 지금 선택한 길을 그대로 간다면 어디에 도달할까? 내 미래에는 어떤 삶이 펼쳐질 것인가?'

한 치 앞을 내다볼 수 없는 게 인생이라고 하지만 나는 그 답을 찾고 싶었다. 미래가 불투명하고 불안하게 느껴지는 그때 시작한 것이 사색이었다. 어둠을 밀어내고자 조금씩 움찔대는 새벽은 사색과는 절묘하게 잘 맞아떨어지는 시간이다. 그래서 나는 새벽마다 깊은 생각에 잠겼다. 매일 새벽, 습관처럼 조용히 사색에 잠기는 동시에 어제와 오늘, 미래에 대한 생각을 기록했다.

처음에는 40일 정도만 그렇게 해볼 생각이었다. 일주일이나 열흘 정도로는 어림도 없을 거라 여겼기 때문이다. 사색을 시작한 지 40일이 지나자 삶에 대한 내 입장이 정리되었고 더불어 몸과 마음이 개운해졌다. 나아가 40일간 진행된 새벽의 사색은 비록 한두 시간에 불과했지만 수많은 의사결정에 여러 가지로 유익함을 안겨주었다. 그렇게 좋은 결과를 얻고 보니 문득 이런 생각이 들었다. '40일에 동그라미를 하나 더 넣어 400일을 계속 사색해보는 것은 어떨까?'

나는 이 생각을 곧바로 실천에 옮겼다. 그때가 2008년이었는데 어떤 날은 무려 일곱 시간이나 사색에 빠져들기도 했다. 물론 어떤 날은 30분 정도만 생각했고 아예 빼먹은 날도 있었다. 그래도 누가 시킨 것도 아니고 의식주를 해결하는 데 반드시 필요한 것도 아닌데 나름대로 의무감까지 부여하며 사색의 시간을 최대한 지켜냈다는 점에서 자부심이 컸다.

2009년 12월 24일로 400일의 사색이 끝났다. 그처럼 계획을 끝내고 보니 나 자신이 대견해 기쁘기도 했지만 왠지 모를 허전함도 함께 자리했다. 사람이 무언가를 30일간 지속하면 그것은 서서히 습관으로 자리 잡는다고 한다. 습관이라고 하는 것은 처음이 어렵지 일단 몸에 배면 그것을 하지 않을 경우 뭔가 잃어버린 듯한 느낌이 든다. 사색의 결과가 얼마나 엄청난지 깨달은 나는 이미 몸에 밴 사색 습관을 버리고 싶지 않았다. 그래서 400일을 마친 그날 다시 '0'을 하나 더 붙여 4000일에 도전장을 던졌다.

나쁜 습관에 얽매이면 인생을 망칠 수도 있지만 좋은 습관을 따르면 인생에 대박이 터진다. 동서고금을 막론하고 역사책에 기록될 만큼 인류에 큰 영향을 미친 사람들은 하나같이 사색을 즐겼다. 깊은 생각이 인생의 깊이를 더해준다는 것을 알았기 때문이리라. 나는 즐거운 마음으로 기꺼이 사색의 노예로 살아갈 계획이었다.

그런데 1년은 365일이므로 4000일의 사색을 지켜내려면 11년이 걸리게 된다. 2020년까지 새벽의 사색을 사수해야 하는 셈이다. 이미 내 몸에 밴 습관에 복종해 인생을 더욱 풍요롭게 할 수 있다면 그게 뭐 대수겠는가. 오히려 2020년이 오면 4만 일에 도전해볼까 하는 생각을 하고 있다. 황당하면 어떻고 엉뚱하면 또 어떠한가. 어차피 인생은 앞으로만 가게 되어 있고 그러한 규칙은 1000명의 황제가 되살아난다 해도 바뀔 리 없으니 앞으로 갈 계획을 세우는 것이 당연하지 않은가.

4만 일은 110년에 해당한다. 물리적, 생물학적으로 따지자면 그 이후에 내가 이 땅에 존재할 확률은 제로다. 하지만 나는 생각하는 대로 이뤄진다는 것을 믿는다. 나는 죽는 날까지 사색하는 사람으로 살아갈 계획이다. 내가 하다가 못다 이룬다 해도 어차피 이 땅에 씨앗을 뿌렸으니 누군가가 그 씨앗을 가꿔나갈 것 아닌가. 내가

110년 동안 수행하는 것은 지키기 어려울 테지만, 그 생각은 나와 생각을 같이 하는 사람에 의해 이어질 수 있다. 내가 세상을 떠날지라도 생각은 남아 누군가가 이어간다는 얘기다. 확신하건대 110년이 지나면 그 뜻은 분명 이뤄진다.

  사색은 인생에서 매우 중요한 요소다. 특히 주기적, 반복적인 사색은 인생에 폭발적인 활력을 불어넣는다. 그러므로 하루에 30분이나 10분, 아니면 단 5분이라도 사색하는 시간을 내는 것이 좋다. 보통은 자기 전에 하루를 반성하는 시간을 내지만 내가 그랬듯이 만물이 막 깨어나려 기지개를 켜는 새벽에 생각하는 것이 제일 좋다. 그렇다고 시간에 얽매일 필요는 없다. 중요한 것은 사색을 한다는 그 자체이므로 자신의 라이프스타일에 따라 하되 바쁘다면 점심시간에 5~10분 정도 짬을 내어 사색하는 것도 권할 만하다.

  사람들은 대개 하루 평균 14시간을 활동한다. 그렇다면 여러분은 그 시간 중에서 사색이라는 훌륭한 자기계발 활동에 얼마를 할애하고 있는가? 먹고살기 바빠서 사색은 언감생심 꿈도 꾸지 못하고 있는가? 곰곰이 생각해보면 시간이 여러분에게 여유를 주지 않는 것이 아니라 여러분이 그 여유를 허락하지 않을 뿐이다. 사실 마음만 있으면 얼마든지 낼 수 있는 게 시간이 아니던가.

  자신의 목표를 향해 쉴 새 없이 이리저리 뛰어다니다 보면 그 목표에, 일에 치여 어느 순간 허탈감이 밀려올 때도 있다. 그래서 필요한 것이 사색이다. 사색의 시간을 갖는 사람은 시간의 긴박감에서 벗어나는 지혜를 배울 수 있다. 욕망, 성공에 대한 집념을 잠시 접어두고 여유를 만들어보자.

어렵사리 마련한 사색의 시간에 후회를 늘어놓는 어리석음은 범하지 말자. 현재 여러분이 놓인 상황에서 어떤 행동과 의식이 최선인지에 대해서만 집중해보자. 바빠서 일할 시간도 충분치 않은데 가만히 앉아 신선놀음할 일 있냐고 비아냥거릴 수도 있으나, 맹렬하게 활동할 에너지를 얻으려면 잠시 멈추어서서 철저하게 자신만의 여유 시간을 만들어 사색할 필요가 있다. 사색은 결코 배부른 자의 사치가 아니다. 그것은 자기 창조의 훌륭한 정거장이다.

만약 매일 사색하는 시간을 내기 어렵다면 스스로를 컨트롤해서 적어도 일주일에 한 번 정도 시간을 내어봄은 어떨까. 양보다 질을 택하는 것도 한 방법이 될 수 있으니 말이다. 생각하는 사람이 되어야 한다. 생각은 인간의 가장 강력한 무기이자 흐름을 지속시키고 올바름을 지키게 하는 수단이다.

세상은 나를 중심으로
돌아간다

    생각에 대해 아무리 이러쿵저러쿵 떠들어도 중요한 것은 하나다. 남이 아니라 내가 생각해야 한다는 것이다. 생각은 결코 누군가가 대신해줄 수 없다. 가장 중요한 것은 바로 '내 생각'이다. 생각에는 힘이 있고 그것은 내 인생과 미래를 결정한다. 내 생각을 소홀히 할 수 없는 이유가 여기에 있다.

    정말로 생각대로 이뤄진다면, 꿈을 꾸는 대로 성취된다면 어떤 꿈을 꿀 것인가? 나는 우리 가족이 건강했으면 좋겠다, 우리나라가 잘 되었으면 좋겠다, 세상 모든 사람이 행복했으면 좋겠다는 꿈을 꾼다. 그리고 이 꿈이 성취되는 데 내가 기여했으면 좋겠다.

    그러나 세상은 너무 넓고 분야가 매우 다양하기 때문에 내가 약방의 감초처럼 늘 낄 수 없다는 것을 알고 있다. 과잉으로 욕심을 부리면 무엇 하나 제대로 이루지 못한 채 손 안에서 모래알이 흘러내리는 듯 속절없이 흐르는 시간을 바라보아야 하는 경우가 생길 수도 있다. 이를 경계하고자 선인들의 지혜로운 격언이나 동화 속 주인공들을 통해 내 능력을 벗어난 욕심이 어떤 결과를 가져오는지 주시하고 있는지도 모른다.

성공한 인생 선배들의 길을 착실하게 따르는 학생이고픈, 쓸데없는 욕심은 접었다. 하지만 내 주특기와 관심 분야에서만큼은 세계적인 사람이 되고 싶다. 할 수만 있다면, 갈 수만 있다면 이러한 꿈을 향해 곧장 앞으로 나아갈 생각이다.

현재의 상황이 내 꿈을 받쳐주지 못할 때 옆에서 쿡쿡 찌르며 '현실을 직시해라' '네 주제에 감히 어떻게'라며 초를 치는 사람이 꼭 있다. 그런 부정적인 생각에 휘둘릴 필요는 없다. 중요한 것은 내 생각이다. 타인은 자기가 인생을 대신 살아줄 것도 아니면서, 대안도 제시하지 못하면서 그저 간섭만 할 뿐이다. 그냥 한마디 툭 던져 놓고 '아니면 말고' 하는 식이다. 그런 무책임한 충고나 조언을 듣고 갈등할 필요는 없다. 세상이 아무리 나에게 강펀치를 날려도 꿈은 필요하다. 우리는 모두 꿈꾸는 사람이 되어야 한다. 좋은 생각, 좋은 꿈을 간직하고 곧장 앞으로 나아가야 한다. 역사적으로 굵은 선을 그어 놓은 대가 중에서 내게 그 누구보다 강렬한 인상을 남긴 사람은 바로 루트비히 판 베토벤이다.

그의 인상을 보면 그야말로 인생에 늘 쥐어터지고 깨졌다는 느낌이 고스란히 전달된다. 그럼에도 불구하고 무언가에 집중하며 쥐어짜는 듯 강하게 응결된 표정 속에 사람을 흡수할 듯한 에너지가 느껴진다. 청각을 완전히 상실한 말년에 나뭇가지 한쪽 끝은 피아노 위에, 다른 한쪽 끝은 입에 문 채 이를 통해 음악을 느끼며 고통과 불행의 결과물을 쏟아내던 모습이 머릿속에 선연하게 그려질 정도다.

고전주의 음악의 영웅이자 기둥인 베토벤은 결코 천재가 아니었다. 삼류 가수였던 그의 아버지는 베토벤이 신동이길 바랐지만 그는 여덟 살이 지난 뒤에야 겨우 세 살 무렵의 모차르트를 흉내라도 낼 수 있었다. 그러나 그는 결코 음악에 대한 꿈을 버리지 않았고 귓병이 치유 불가능하다는 선고를 받고 난 뒤에도 낭만주의 시대를 휘저으며 굵직한 선을 그었다.

만약 인생이 생각한 대로 된다는 것을 믿는다면 여러분은 어떤 사람이 되고 싶은가? 하겠다고 의도한 대로 일이 이뤄진다면 어떤 일을 이루고 싶은가? 좋은 생각과 꿈을 내 인생으로 받아들이는 것은 아름답고 행복한 일이다.

꿈이 있는 사람은 살면서 겪는 모든 것을 과정으로 받아들인다. 한마디로 인생을 즐긴다. 꼭 부자가 아니어도 자기 일을 즐기면서 돈도 벌고 자유롭게 살아가는 사람은 행복하다. 《행복한 부자》 시리즈의 저자 혼다 겐은 이렇게 말했다.

"스스로 세운 인생의 목표에 헌신하는 사람은 삶이 즐거워 어쩔 줄 모른다. 다시 태어나도 그 일을 하겠다고 다짐한다. 수입이 전혀 없어도 기꺼이 하겠다고 말한다. 그리고 그 일을 초등학교 때부터 하지 않은 것을 후회한다."

반면 꿈이 없는 사람은 자기 인생의 주도권을 남에게 맡긴다. 자신을 남과 비교하고 남을 따라가며 눈치코치를 고단수로 발휘하면서 살아간다. 그야말로 '친구 따라 강남 가는 사람'은 자기 인생을 사는 것인지 남의 인생을 사는 것인지 그 경계가 모호하다.

특히 이들은 내가 누구인지 생각하지 않고 이웃, 친구, 주변, 대세를 따져 남을 따라가면 무난할 거라고 생각한다. 그렇게 늘 눈치를 보고 상황을 판단하느라 갈등하고 번민한다. 하지만 남과 나는 다른 존재이기 때문에 남이 잘 된다고 해서 내가 잘 되는 것은 아니다. 적당히 묻어가겠다는 의식은 버려야 한다. 쥐구멍에서 삐죽이 고개를 내밀고 주변 상황을 살피는 생쥐처럼 초조하게 눈망울을 굴리며 사는 사람은 미래를 예견하기 어렵다.

내가 하고 싶은 것과 남이 하고 싶은 것은 전혀 관계가 없다. 그러므로 내 인생은 내가 주도해야 한다. 내가 누구인지 아는 것, 내가 이루고 싶은 것이 무엇인지 파악하는 것은 주관적인 얘기다. 나는 어디까지나 나다. 나와 남은 과거, 태도, 습관, 기질, DNA가 다르다. 그뿐 아니라 잘할 수 있는 특기와 장점도 다르다. 나는 절대 남을 따라서 살 수는 없다. 그렇게 될 수도, 그렇게 해서도 안 되는 일이다. 안 되는 것을 억지로 하려니까 갈등하고 번민에 휩싸이게 된다.

사람들은 흔히 싸잡아서 도매금으로 넘기기를 잘한다. 예를 들어 나무와 수풀이 우거진 산에 다녀오면 보통 이렇게 말한다.

"아, 산에 갔더니 풀과 나무가 참 많더라."

소나무, 측백나무, 참죽나무, 자작나무, 가시나무, 느릅나무, 계수나무, 단풍나무, 잣나무, 밤나무, 개암나무, 상수리나무, 박달나무 등 나무는 저마다 나름대로 고유의 이름이 있다. 하지만 그런 이름을 하나하나 불러가며 그 고유성을 살려주는 사람은 거의 없다. 그저 '숲에 나무가 많다'는 한마디로 간단하게 끝내버린다. 열매, 색깔, 살아가는 방식에서 차이를 보이는 나무의 입장에서 보면 기가 막힐 노릇이지만 만물의 영장이라고 으스대는 인간은 그런 것에 별로 관심이 없다. 심지어 자기 자신마저 대세를 좇아 도매금으로 넘기는 판인데 더 말해 무엇하랴.

인간이 생각하는 존재라는 사실은 이미 주지한 바다. 여기에 중요한 것 한 가지, 즉 인간의 삶은 생각한 대로 이뤄진다는 말을 부언하고 싶다. 인간은 저마다 각기 다르게 품고 있는 꿈, 비전, 생각의 길을 따라 그대로 걸어가게 된다. 세상을 위해 내가 존재하는 것이 아니라, 나를 위해 세상이 존재함 또한 잊어서는 안 될 일이다.

열정으로
가슴이 뛰게 하라

 무언가에 미쳐서 살아가는 삶은 정말 아름답다. 그런 삶을 보면 가슴이 뭉클해지기도 한다. 사람이 생물학적으로 숨을 쉰다고 해서 모두 살아 있는 것은 아니다. 인간의 육체와 정신에서 활력이 느껴지지 않으면 무덤 속에 누워 있는 사람과 그다지 차이가 없다. 같은 나무라도 비바람을 견뎌내며 들판에 서 있는 나무와 뒤뜰에 엎어져 있는 장작은 차원이 다르다.

 진정 살아 있는 모습으로 살아가려면 어떻게 해야 할까? 우선 꿈을 갖고 인생을 진지하게 생각해봐야 한다. 꿈과 비전이 있는 사람은 눈빛과 몸짓이 다르다. 왜냐하면 그들은 자신의 꿈만 생각해도 기분이 좋고 열심히 살아봐야겠다는 의지가 저절로 솟아오르기 때문이다. 멋진 꿈은 곧 비전이자 미션이다. 그런 것이 있으면 자신은 물론 타인까지 감동시킨다.

정말로 하고 싶은 것에 빠져 있는 사람은 가만히 있지 못한다. 목숨을 걸고라도 그것을 이루고 싶어 안달이 난다. 심지어 그것을 하다 죽어도 여한이 없다고 생각한다. 여러분에게 그런 꿈이 있는가? 여러분을 가만히 있지 못하게 만드는 꿈은 무엇인가?

꿈이 있으면 인생이 바뀐다. '이렇게 되고 싶다'라는 생각을 하게 되면 현재의 나 자신에 대해 불만을 갖게 된다. 내가 되고 싶은 미래의 모습은 현실의 나와는 비교할 수 없을 만큼 너무 멋지기 때문이다. 미래의 멋진 모습과 상충하는 현재의 모습에 불만이 생기는 것은 당연하다. 이때 그냥 체념하고 주저앉으면 인생을 통해 얻을 수 있는 것은 아무것도 없다. 불만이 있으면 바꾸고자 애써야 한다. 그래야 변화가 일어나고 그것은 삶에 활력을 주는 동시에 앞으로 나아갈 원동력이 된다.

흔히 우스갯소리의 단골메뉴로 등장하는 '작심삼일'이라는 말은 뜻은 있으되 의지가 강하지 않은 사람에게 주로 사용한다. 허구한 날 결심만 하다가 끝나는 사람은 생각까지는 좋지만 의지가 실리지 않거나 이루고자 하는 열정이 부족한 탓에 뿌리가 약하다. 뭔가 대단한 것을 이룰 것처럼 호언장담을 해놓고 채 3일이 지나지 않아 '난 안 돼'하며 주저앉기 일쑤다.

정말로 자기 꿈에 미친 사람, 꿈을 이룬 모습에 감동을 받은 사람은 다르다. 그들은 '꼭 이룰 거야' '난 할 수 있어'라는 결심을 다진다. 이렇게 마음을 먹는 것 자체만으로도 몸과 마음은 피드백을 받는다. 따라서 습관과 태도를 새롭게 다지려는 의지를 불태우면 그것을 실행할 용기와 에너지가 샘솟게 된다.

그것이 바로 열정이다. 꿈에 푹 빠져든 사람은 그냥 바라보기만 해도 열정의 불꽃이 팍팍 튀어 오른다. 눈빛에 강한 힘이 묻어나면서 이루고 싶은 것을 향해 굳건히 나아간다. 열정은 꿈과 비전, 방향성이 없으면 생겨나지 않는다. 멀찌감치 떨어져서 관망하다가 이루고 싶은 것을 확실하게 선택한 뒤에야 비로소 슬그머니 다가오는 것이 열정이다.

나에겐 아들이 둘 있다. 어느덧 장성해서 대학에 진학하게 된 큰아들이 전공을 선택할 때 나를 여러 번 놀라게 했다. 음악을 좋아하는 큰아들은 음악을 통해 정신 건강을 보살피는 일을 하고 싶다며 심리학을 선택했다. 큰아들은 음악으로 사람의 마음을 치유할 수 있다고 믿었다. 그런데 그렇게 다부진 결심으로 학교를 다닌 아들이 1년 만에 전과를 하겠다고 통보해왔다.

"심리학에 실망해서 그런 것은 절대 아닙니다. 다만 음악이 미치도록 제 마음을 끌어당긴 것뿐입니다. 음대 작곡과를 선택하겠습니다."

음악으로 마음을 치료하는 심리치료사가 되겠다던 아들 녀석이 음악에 끌리는 마음을 주체하지 못하고 전공을 바꾸기로 결심했지만 나는 반대했다. 무엇보다 예술 분야에 대한 소질은 어느 정도 유전적

요소가 작용한다고 믿었던 탓이다. 사실 아내나 나나 모두 예술 쪽과는 거리가 멀었고 거의 문외한 수준이었다. 그러니 내 입장에서는 음악에 마음이 끌린다는 아들의 말이 미심쩍을 수밖에 없었다.

"야, 우리 솔직히 얘기해보자. 예술이 장난도 아니고 어느 정도 타고나는 게 있어야 하는 건데. 우리 집을 봐라. 누가 예술에 소질이 있냐?"

그때 물끄러미 밖을 내다보던 아들이 말했다. 창밖에는 마침 바람이 휭 하니 지나가면서 나뭇잎들이 찰랑거리고 있었다.

"아버지, 밖을 한 번 보세요. 나뭇잎이 흔들거리는 게 보이시죠? 저는 저 나뭇잎의 움직임을 악보로 옮겨 음악으로 연주할 수 있어요."

나는 순간 뭔가에 얻어맞은 듯했다. 자연의 움직임을 악보에 옮긴다는 것은 생각조차 해본 적이 없었기 때문이다. 자연의 소리는 커녕 귀에 들려오는 음악도 악보로 기록하거나 재생하는 것이 불가능한 나로서는 눈에 보이지도 않는 소리를 악보로 작성해 연주한다는 것이 가당치도 않은 얘기로 들렸다. 나와는 차원이 달라도 너무 다른 생각이었다.

"그래, 네가 그 정도로 음악에 대한 열정이 강한 줄 몰랐다. 나는 음악을 잘 모르지만 네가 그토록 원한다면 한 번 해봐라."

결국 아들은 2학년에 올라가면서 전공을 바꿨는데 1년이 지나고 나서 느닷없이 학교로부터 통지서가 날아들었다. 무심결에 봉투를 뜯어보니 황당하게도 '졸업이 불가하다'라고 쓰여 있었다.

'아니, 이 녀석이 대체 무얼 어떻게 했기에 졸업이 안 된다는 거야! 졸업을 하려면 아직도 두 학년이나 더 다녀야 하는데 이게 무슨 일이지?'

나는 너무 놀라서 당장 아들을 호출했다.

"나는 네가 학교생활을 나름대로 열심히 하고 있는 줄 알았다. 그런데 뭘 어떻게 했기에 졸업을 시킬 수 없다는 통지서가 날아든 것이냐! 아버지는 너무 황당하고 어이가 없어서 어떻게 해야 할지 모르겠구나."

"아, 그거요?"

아들은 별로 신경 쓸 일이 아니라는 듯 심드렁하게 대답했다.

"아버지, 음악을 공부하다 보니까 음악이라는 게 생각했던 것보다 훨씬 좋더라고요. 그래서 학기 중에 개설된 음악 과목이란 과목은 죄다 수강을 했습니다. 그러다 보니 졸업 학점을 뛰어넘는 학점을 따게 되었지요. 하지만 아무리 학점을 다 땄더라도 학칙상 2학년에 졸업을 시킬 수는 없다는 얘기예요. 학점과 상관없이 등록금을 내고 1년은 더 다니라는 거지요."

한마디로 조기졸업이 불가능하다는 말이었다. 그 말에 나는 더욱 더 기가 막혔다.

'아니, 물리적으로 그게 가능한 일인가? 어떻게 모든 과목을 수강할 수 있다는 말인가? 그게 현실적으로 가능한 일일까?'

머릿속에 온갖 잡념이 총알처럼 왔다 갔다 했다. 그렇게 내 시냅

스(신경세포를 연결하는 부위)가 정신없이 교통정리를 하고 있는 상황에서 용케 쓸 만한 질문 하나가 튀어 나왔다.

"그럼 네가 수강한 과목의 학점은 어떻게 나왔느냐? 너, 전 과목을 수강한답시고 설마 쌍권총을 찬 것은 아니겠지?"

"아닙니다. 대부분의 과목이 A입니다."

더 이상 아들을 추궁할 질문이 떠오르지 않았다. 몸이 10개라도 모자랄 지경으로 뛰어다녔을 텐데 대체 어떻게 했기에 대부분의 과목이 A란 말인가. 내 상식으로는 도저히 이해하기가 힘들었다. 저절로 목소리가 한 옥타브 낮아진 나는 은근슬쩍 물었다.

"대체 노하우가 뭐냐?"

"음악도 매력적이고 전공도 작곡이라 열심히 곡을 만들었죠. 그런데 그 곡을 연주해봐야 제대로 한 것인지 아닌지 판단이 설 텐데 아무도 연주해주려고 하지 않았어요."

혹시 작곡에 대해 알고 있을지 모르지만 곡 중에는 일반적인 것도 있고 다양한 악기가 들어가는 것도 있다. 개중에는 음악적 기교가 세밀하게 표현되는 곡도 있다. 하지만 아무리 모차르트가 무덤에서 걸어 나와 곡을 던져주더라도 연주자의 실력이 형편없으면 곡의 맛을 살릴 수 없다. 작곡자의 의도대로 곡이 살아 꿈틀대려면 연주를 잘하는 사람이 있어야 한다.

"음악을 전공하는 학생들은 이론과 실기를 병행해야 하기 때문에 바쁘지 않은 학생이 없어요. 늘 시간에 쫓기기 일쑤죠. 연주를 해줄 사람을 찾아 열심히 수소문했지만 모두들 바쁘다고 손사래를 치기에 곰곰이 생각했죠. 어떻게 하면 내가 만든 곡을 최고의 연주자에게 부탁할 수 있을까? 그러다가 한 가지 묘안이 떠올랐어요. 제가 일류 연주자가 되면 그들과 함께 어울려 연주할 수 있을 거라고 생각했어요."

군이 악기 전공자가 아니더라도 음악을 전공하는 학생이라고 하면 아무리 못해도 악기 하나 정도는 잘 다룬다. 그래도 피아니스트, 바이올리니스트, 첼리스트 등 최소한 10년 이상 악기와 함께하며 음악을 공부한 학생들로 와글와글한 곳이 음대이다. 그런데 잘하는 학생들 중에서도 최고는 나름대로 그룹을 형성해 또 다른 경계를 만든다. 유유상종이라고 했다. 아들의 학교에서도 악기를 잘 다루는 학생들끼리 어울려 연습을 하고 있었던 모양이다. 어느 한 악기를 최고로 잘 다뤄 일류와 어울려야겠다고 다짐한 아들은 자신이 무엇을 잘 할 수 있는지 분석하기 시작했다.

'내가 지금부터 연주를 익혀 일류가 될 수 있는 악기에는 어떤 것이 있을까?'

아무리 생각해도 단기간에 배울 수 있는 악기가 떠오르지 않았다고 한다. 소위 '장이'가 되는 것이 어디 쉬운 일이던가. 결국 아들은 기타를 선택했다. 어려서부터 기타를 좋아했고 늘 쳐왔던 터라 프로는 아니어도 어느 정도 수준은 되었기 때문이다. 그날부터 아들은 죽어라고 연습에 들어갔다.

"하루에 보통 14시간은 연습한 것 같습니다."

남보다 두 배나 많은 수업을 들으면서, 다시 말해 전 과목을 수강하면서 하루에 14시간을 연습한다는 게 말이 되는가. 내 아들이지만, 도저히 내 상식으로는 답이 나오지 않는 아이였다.

"잠은 잤니?"

"잠은 하루에 1시간 정도만 잔 것 같네요."

거의 24시간을 음악 속에 빠져 살았던 셈이다. 결국 아들은 학교에서 넘버원 기타리스트가 되어 학교를 대표하는 협연에 출전하기도 했다. 더불어 일류들과 어울려 협연하면서 많은 곡을 발표했고 아들의 곡은 갈수록 좋아졌다. 덕분에 3학년을 마치고 남보다 1년 앞서 조기졸업을 할 때는 학교를 대표해 음악작곡상을 받기도 했다. 음악을 제 목숨만큼이나 사랑한 아들은 일류 연주자들에 의해 자기 곡이 연주되는 것을 듣고 싶어 일류 기타리스트가 되었고, 이를 통해 자신이 만든 곡들을 다듬어가며 실력을 더욱 갈고닦았다. 한마디로 스스로 피드백을 반복하면서 성장해갔다.

어떤 상황에서든 계속해서 머리를 굴리고 방법을 찾아야 한다. 어떻게 해야 할까? 어떤 방법이 최선일까? 어떻게 하면 좋은 결과를 낼 수 있을까? 이렇듯 끊임없이 생각에 생각을 보태며 나아갈 때 성공은 자연스레 따라온다.

자신이 좋아하는 것과 혼연일체를 이루는 것, 그것이 열정이다. 정말로 하고 싶은 것을 붙잡으면, 즉 죽어도 여한이 없는 꿈을 꾸면 어떠한 비바람에도 사그라지지 않는 열정이 생긴다. 열정을 불태우는 삶은 정말로 아름답다. 그냥 옆에서 보고만 있어도 가슴이 벅차고 마음이 뜨거워질 정도인데 본인은 어떠할까. 얄팍하고 가느다란 삶보다 열정을 다하는 굵은 삶을 살아야 한다. 미지근하게 시간이 흘러가는 대로 그냥저냥 떠내려가는 삶은 의미가 없다.

잘하는 것에 집중하라

목표를 이뤄 원하는 삶을 누리려면 내가 잘할 수 있는 것, 즉 나의 강점을 찾아야 한다. 내가 잘할 수 있는 것에 집중하면 빠른 시간 내에 결과를 낼 수 있기 때문에 매우 효과적이다. 그런 의미에서 세계적인 경제학자 피터 드러커의 말은 정곡을 찌른다.

"원인의 10퍼센트를 깨닫는다면 결과의 90퍼센트를 지배할 수 있다."

이 말은 자신의 눈에 잘 띄지 않는 강점에서 성공의 계기를 찾을 수 있음을 의미한다. 작은 도토리가 상수리나무로 자라듯 성공의 열매는 크지만 그 열매를 맺게 하는 씨앗은 아주 작다. 그러므로 내 눈에 크게 보이는 결점에 신경 쓰지 말고 비록 작아 보일지라도 장점에 집중해야 한다. 미국의 초대 대통령인 워싱턴은 치밀하지는 못했지만 겸손하고 성실하다는 장점을 키웠고 미국의 정치가이자 사상가, 과학자로 유명한 벤저민 프랭클린은 철저한 시간관념으로 역사적인 인물이 되었다.

세계 최고가 되는 법은 간단하다. 먼저 내가 무엇을 하면 세계 최고가 될 수 있는지 생각한다. 당연한 얘기지만 남보다 무능한 점, 약점, 못하는 것은 바늘 틈만큼도 비집고 들어오지 못하게 해야 한다. 오로지 잘하는 것에 모든 것을 걸어야 한다.

상당히 흥미로운 연구 결과가 있다. 수많은 전문가가 사람의 능력에 대해 연구를 했는데, 이들은 '보통 이하'를 '보통'으로 만드는 것보다 '유능한' 사람을 '탁월하게' 만드는 것이 훨씬 더 수월하다는 사실을 발견했다.

연구진은 사람의 능력을 탁월함, 우수함, 보통, 미흡함의 4단계로 구분해 연구를 진행했다. 탁월함은 100점에 해당한다. 우수함은 80점, 보통은 60점, 미흡함은 40점에 해당한다. 물론 사람마다 기질과 성격이 다르고 고유의 장단점이 있기 때문에 이것이 완벽한 표준이라고 할 수는 없지만 이들의 연구 결과는 놀라운 사실을 보여주었다.

능력의 발달 차이를 알아보기 위해 이들은 40점을 60점이나 80점으로 만드는 에너지, 60점을 80점으로 만드는 에너지, 80점을 100점으로 만드는 에너지를 조사했다. 그 결과 이러한 차이가 나타났다.

- 80점을 100점으로 만드는 것 → 눈 깜짝할 사이에 이뤄진다.
- 60점을 80점으로 만드는 것 → 시간이 좀 걸린다.
- 40점을 60점으로 만드는 것 → 엄청난 비용과 노력이 필요하다.

잘하는 것, 잘할 수 있는 것에 집중해야 하는 이유가 한눈에 보이지 않는가. 인생을 좀 더 현명하게 살아가고 싶다면 잘할 수 있는 것에 집중해야 한다. 능력을 향상시키고자 할 때 자신을 남과 비교하는 것은 무엇보다 큰 실수다. 정확한 잣대도 없이 자신을 남과 상대적으로 비교하면 약점이나 약점 보완에만 관심을 집중하게 된다. 더욱 나쁜 상태는 남보다 상대적으로 못하는 것에 집중하느라 열등감에 휩싸이는 것이다.

그 열등감에서 벗어나고자 약점 보완에 집중적인 노력을 기울이면 어떤 결과가 나타날까? 잘 해봐야 남과 같아질 뿐이다. 그것도 상당한 시간과 노력을 들인 후에야 겨우 남만큼 하는 정도의 결과를 얻는다. 더욱 당혹스러운 것은 남만큼 하는 것도 그다지 잘한다는 평가를 받을 만한 수준이 아니라는 점이다. 어떤 목표일지라도 열심히 노력하면 우수한 수준(80점)까지는 간다. 하지만 그것은 100점이 아니다.

결국 타이밍과 효율성, 효과를 따진다면 내 장점에 집중하는 것이 가장 탁월한 선택이다. 장점에 집중하면 그야말로 상상도 못한 일이 일어날 수도 있다. 쉽게 말해 기적이 일어난다. 열정을 발휘해 장점에 집중하면 충분히 기적을 일으킬 수 있다. 주어진 기회에 모든 것을 걸 때 우리는 기적을 만들어낼 수 있다.

사실 사람의 능력은 거의 백짓장 한 장의 차이밖에 나지 않는다. 외형상 대단해 보이는 사람도 그 내면을 들여다보면 능력 면에서 별다른 차이가 없다. '열정'이라는 단 하나의 차이만 있을 뿐이다. 설사 자신이 생각하는 장점이 남보다 못한 수준일지라도 마음을 다잡고 그것에 열정을 바치면 예상 밖의 결과를 낼 수 있다.

그러므로 자기 자신을 잘 보고 연구해야 한다. 나는 무엇을 잘하는가? 내가 남보다 앞서갈 수 있는 것은 무엇인가? 나는 무엇에 미칠 수 있는가?

잘하는 것에 올인하라. 먼저 내 장점을 발견해 그것을 바탕으로 꿈과 비전을 만들어야 한다. 그런 다음 그것을 열정적으로 실천하면 된다. 그러면 누구라도 큰 꿈을 이룰 수 있다.

제1의 연구주제, 나

　카터 대통령의 자서전에 보면 이런 글이 나온다. 카터가 현직 대통령이던 포드를 누르고 미국의 제39대 대통령에 당선되자 인터뷰를 하러 온 어느 기자가 물었다.
　"당신을 대통령으로 만드는 데 결정적인 역할을 한 사람은 누구입니까?"
　"장인어른입니다. 장인어른이 내게 대통령에 대한 꿈을 꾸도록 해주었죠."
　"장인어른이 어떻게 대통령이 되겠다는 꿈을 꾸도록 동기부여를 한 겁니까?"
　"나는 해군사관학교를 졸업했는데 그곳은 전통적으로 졸업식 때 애인이 와서 계급장을 달아줍니다. 그때 내 애인이 아버지와 함께

왔는데 그는 사윗감을 그리 미덥지 않아 했죠. 그는 굳은 표정으로 물었습니다. '자네 공부는 잘 했는가?' 그 질문을 받고 나는 속으로 쾌재를 불렀습니다. 내가 전체 졸업자의 상위 3퍼센트 안에 들었기 때문입니다. 나는 당당하게 '네, 상위 3퍼센트 안에 들었습니다' 라고 대답했습니다. 그런데 장인어른은 그리 기쁘지 않은 낯빛으로 다시 묻더군요. '그게 자네가 최선을 다한 결과인가?' 그 말을 듣자 가슴이 뜨끔했어요. 단순히 암기력이 좋아서 그런 성적이 나온 것일지도 모른다는 의혹이 담겨 있었으니까요. 나는 말문이 막혀 선뜻 대답하지 못했습니다. 그날 저녁 곰곰이 생각에 잠겼죠. '최선을 다하면 나는 과연 무엇을 이룰 수 있을까? 내가 능력과 잠재력을 최대한 발휘해서 이룰 수 있는 최고의 경지는 무엇인가? 나는 어디까지 이룰 수 있는 사람인가? 내 최고의 한계치는 무엇인가?' 나는 이러한 의문에 대한 답을 찾기 위해 나 자신을 연구했습니다. 졸업한 후 해군장교, 주지사, 상원의원 등을 따라 단계별로 올라가는 내 자신을 떠올리자 그 생각의 끝은 결국 대통령에 닿더군요. 그때 나는 내 꿈을 대통령으로 결정했습니다. 오늘의 나를 있게 한 사람은 바로 장인어른입니다."

카터 대통령은 자신을 못마땅하게 여겼던 장인 덕에 자기 자신에 대해 보다 깊이 생각하게 되었다. 그리고 자신이 가진 장점으로 무엇을 이룰 수 있는지, 무엇을 원하는지 깨닫게 됨으로써 보다 큰 꿈을 가질 수 있었고 대통령의 자리에까지 오르게 되었다. 이처럼 자기 자신에 대한 깊은 성찰에 따른 판단이 인생의 성패를 좌우할 수도 있는 법이다.

우리의 내면에는 위대한 잠재력이 숨어 있다. 그리고 우리는 매일 또 다른 날을 시작할 수 있도록 아침마다 꼬박꼬박 24시간이라는 선물을 받는다. 매일 공평하게 누릴 수 있는 8만 6400초는 더 원한다고 해서 더 가질 수 있는 것도 아니고, 남겨두고 싶다고 해서 내일을 위해 남겨둘 수도 없다. 우리는 어제로 돌아갈 수 없고 시간을 내일로 넘길 수도 없으므로 주어진 시간을 최대로 활용해야 한다. 순간순간 여러분 곁을 휙휙 지나쳐버리는 시간이 최대 효용을 발휘하도록 해야 한다는 얘기다.

꿈과 비전을 갖고 열정을 다함으로써 여러분이 이룰 수 있는 최대치는 누구도 알 수 없다. 하지만 꿈과 열정을 갖고 자신에게 집중하면 기적 같은 일이 일어난다는 것은 분명한 사실이다. 다시 말해 양, 길이, 깊이, 수준에서 기존과 다른 놀라운 성과를 이루게 된다.

망설이고 우물쭈물하면서 '이미 늦은 것 같다' '하려면 오래전에 그것을 했어야 했다'라며 꽁무니를 빼지 마라. 타이밍에 대한 핑계는 비겁함을 무마하려는 변명일 뿐이다. 타이밍은 중요하지 않다. 마음만 먹으면 언제든 가능하다. 왜 3년, 5년, 10년이라는 시간에 얽매이는가? 6개월, 1년 만에도 얼마든지 가능하다.

시도조차 하지 않을 핑계는 세상에 바닷가의 모래알만큼이나 많다. 그러한 핑계는 알렉산더가 고르디우스의 매듭을 단칼에 내리친 것처럼 단단한 결심으로 단번에 무너뜨려야 한다. 최선을 다했을 때 내가 이룰 수 있는 한계치가 어느 정도인지는 스스로 시도해봐야 안다. 해보지도 않고 결론을 논할 수는 없는 일이다. 우리나라 경제계의 전설로 남아 있는 고 정주영 회장은 아랫사람들이 핑계를 대고 변명할 때마다 날카로운 이 한마디를 던졌다.

"해봤어?"

내가 얼마나 대단한 인물인지, 내 잠재력은 어디까지인지 알고 싶다면 도전해야 한다. 당장 첫발을 떼야 한다. 저쪽에 있는 내 꿈을 향해 가는 길이 아무리 멀고 험하다 해도 일단 한 발을 떼야 한다. 그것도 누가 시켜서가 아니라 자발적으로 해야 한다.

생각하고 무조건 시작하라. 하고 싶은 일에 집중하면 열정은 저절로 생긴다. 열정으로 가득 찼을 때 내가 진정으로 이루고자 하는 것이 무엇인지 곰곰이 생각해봐야 한다. 그리고 그 생각에 따라 주도적으로 첫발을 내디뎌야 한다.

첫발을 내디딘 다음 6개월, 1년, 5년 후에 다시 한 번 자신의 모습을 정리하면 현재보다 체계적, 과학적인 수준에서 수정과 보완을 할 수 있다. 1년 전, 3년 전, 5년 전의 자기 모습을 떠올려봤을 때 지금의 모습보다 나았던 것으로 기억하는가. 대개는 그렇지 않다. 그동안 갈고닦은 여러분의 모습은 분명 과거보다 나은 모습으로 자리해 있다. 아니, 그래야만 한다. 만약 그 반대라면 심각한 문제가 있는 것이므로 스스로를 돌아보고 새로운 길을 모색해야 한다.

기대했던 결과를 얻지 못하거나 어떤 문제가 풀리지 않을 경우에는 원점으로 돌아가 생각해보는 것이 좋다. 시작 무렵의 상황과 자료를 재검토하면 그것이 진행 과정에서 어떻게 변질되고 왜곡되었는지 쉽게 파악할 수 있다.

거미줄을 쳐놓고 여러 가지 위장술을 써서 몸을 숨긴 뒤 먹이가 걸리기를 기다리는 거미는 처음의 자리로 돌아가 있다가 때때로 거미줄을 한 가닥 연결해 먹이가 걸렸는지 확인한다. 사방으로 거미줄을 쳐놓되 늘 처음의 자리로 돌아가 자신이 사냥을 잘하고 있는지 살핀다.

내가 나아가는 길을 방해하는 문제는 실제로는 생각처럼 크지 않을 수도 있다. 당장은 커 보여도 그 실체를 알면 능히 풀어낼 수 있다. 두려움과 불안, 자신 없음은 그 실체를 알지 못할 때 나타나는 증상으로, 일단 알고 나서 해결에 몰두하면 어느덧 꽁무니를 빼고 달아난다.

지식이나 노하우, 능력은 갈고닦을수록 수준이 높아진다. 현재의 위치에서 과거를 바라볼 때 당시의 지식이 온전하게 느껴지지 않는 이유가 여기에 있다. 현재의 지식 역시 미래의 관점에서는 온전하지 않다. 단지 어설프게 방향만 잡을 뿐이다. 인생이란 그렇게 어설픈 현재를 지나 보다 나은 미래를 향해 한 걸음 한 걸음 나아가는 과정이다. 그것이 반복되면서 삶은 업그레이드된다. 이를 사자성어로 표현하면 '괄목상대(刮目相對)'라고 할 수 있다.

괄목상대는 말 그대로 '눈을 비비고 상대를 바라본다'로 해석할 수 있다. 물론 그 안에 담긴 뜻은 다른 사람의 학식이나 재주가 놀랄 만큼 부쩍 늘었다는 의미다. 비록 겉모습은 같을지라도 말과 행동, 의식 수준은 전과 확연히 다르다는 얘기다.

"와, 예전의 그가 아니네!"

이 한마디가 괄목상대의 뜻을 그대로 함축하고 있다. 여러분은 365일 동안 얼마나 괄목상대할 수 있는가? 과거는 잊어라. 지금까지 어떤 모습으로 살아왔는가는 중요치 않다. 지금부터가 중요하다. 오늘 계획을 세우고 나를 돌아보아야 한다. 내 존재 가치, 내 장점, 내 주특기, 내가 하고 싶은 것을 찾는 것이 우선순위다. 내가 하고 싶은 일에 집중하면 얼마든지 괄목상대할 수 있다. 나를 알고 내가 무엇을 이룰 수 있는지 생각해보라.

생각의 흐름이
미래를 결정한다

시간에 대한 왈가왈부에 종지부를 찍는 한마디는 "그렇게 왈가왈부하는 순간에도 시간은 계속 앞으로 흘러간다"라는 것이다. 여러분과 더불어 살아가는 사람 중에는 만난 지 10년, 20년 된 사람도 있을 것이고 어제 만난 사람도 있다.

누구든 간에 그 삶을 가만히 관찰해보면 흥미롭게도 지나온 세월만큼 그 사람이 생각한 바가 삶에 고스란히 반영돼 있음을 알 수 있다. 이는 생각과 의식의 흐름이 미래를 결정하기 때문이다. 원인 없는 결과는 존재하지 않는다. 같은 맥락에서 어떤 생각을 하는가가 그 사람의 존재 가치를 결정한다. 그러므로 우리는 꿈을 꾸어야 한다. 의식 있는 사람이 되어야 한다. 비전을 내 것으로 만들어 열정을 발휘해야 한다. 내 존재 가치는 바로 이러한 노력에서 창출된다.

언젠가 우연한 기회에 남의 일기장을 본 적이 있다. 사생활 보호 차원에서 그 내용을 꼼꼼하게 읽을 수는 없었지만 휘리릭 넘기면서 훑어보는 것만으로도 대단한 걸 깨달을 수 있었다. 시작하는 부분에서는 문장이 매끄럽지 못한 단문으로 끝났다. 그저 간단한 메모 수준에 불과했다. 내용을 전개하는 방식도 중구난방이었고 따로 설명을 듣지 않으면 그 내용을 파악하기가 어려웠다.

그런데 뒤로 넘어갈수록 문장의 길이가 길어지고 동시에 내용도 충실해졌다. 더 이상 설명을 듣지 않아도 문장 속에 그의 생각이 그대로 묻어났다. 더욱 재미있는 사실은 최근에 그가 보여준 일기 내용이 거의 수필집 수준이었다는 점이다.

아이들이 태어나면 부모는 흔히 스냅사진이나 비디오를 찍느라 정신이 없다. 어여쁜 그 순간을 놓치고 싶지 않아서다. 쑥쑥 자라는 통에 잠시 한눈을 파는 사이 평생 다시 볼 수 없는 모습을 지나치기 일쑤다. 그렇게 찍어 놓은 것을 시기별로 정리해 놓으면 아이의 성장 역사가 한눈에 들어온다. 갓 태어난 모습에서부터 엉금엉금 기는 모습, 아장아장 걷는 모습, 뛰는 모습, 자전거를 타는 모습 등 사진 몇 컷이 아이의 성장기를 가감 없이 보여준다. 나는 그의 일기장을 보면서 바로 이런 느낌을 받았다. 몇 장의 사진 속에 아이의 성장 모습이 고스란히 담겨 있듯 쑥쑥 성장해온 그의 모습이 느껴졌다.

일기처럼 지속적으로 글을 쓰다 보면 스스로 자신의 역사를 기록하면서 삶을 업그레이드하는 것은 물론, 의도치 않게 문장력과 어휘력이 향상된다. 나아가 생각이 정리되면서 인생의 주인으로 살아갈 힘을 얻게 된다.

꿈을 이루기 위한 실천에 앞서 행해야 할 것은 바로 '생각하기'다. 생각하는 인생을 살아야 한다. 나는 누구인가? 내가 하고 싶은 것은 무엇인가? 내가 잘할 수 있는 분야는 무엇인가? 나는 무엇을 이룰 수 있는가? 또 내가 세상에 태어난 이유는 무엇인가?

막연히 머릿속으로만 그려 보면 자칫 망상으로 흘러갈 수도 있다. 따라서 이러한 의문에 대한 답을 기록하고 구체화해야 한다. 그래야만 그것을 내 것으로 만들 수 있고 그 순간 삶에 변화가 찾아온다. 내 꿈, 내 아이디어, 내 비전, 내 이상적인 미래 모습을 기록하고 생각하고 준비하는 것은 무한한 가치가 있다. 생각이 바뀌면 습관이 바뀌고, 그러면 인생이 바뀐다. 한마디로 운명은 여러분의 생각이 만든다. 메트로폴리탄 밀워키의 YMCA가 내건 모토는 생각이 얼마나 중요한지 잘 보여준다.

> 당신의 사고를 관찰하라. 그것은 말로 변할 것이다.
> 당신의 말을 관찰하라. 그것은 행동으로 변할 것이다.
> 당신의 행동을 관찰하라. 그것은 습관으로 변할 것이다.
> 당신의 습관을 관찰하라. 그것은 개성으로 변할 것이다.
> 당신의 개성을 관찰하라. 그것은 당신의 운명이 될 것이다.

의식이 있는 사람, 특히 바꿔야겠다는 의지가 있는 사람은 환경을 바꾼다. 더욱 흥미로운 사실은 그렇게 바뀐 환경이 의지가 없는 사람의 의식까지 바꿔 놓는다는 점이다. 이것은 혁신의 원리 중 하나다. 따라서 혁신을 위해서는 먼저 뜻을 세우는 사람이 있어야 한다.

의도적인 목적을 갖고 어떤 일을 해치우는 실천가는 생각대로 움직이며, 그 결과 미래를 진보적이고 혁신적인 방향으로 이끈다. 다시 말해 깊은 생각을 통해 꿈과 비전을 세워 그쪽을 향해 나아가면 현재와 다른 미래로 이동하게 된다.

인간은 무척 경이로운 존재다. 인체는 우주의 축소판으로, 인간은 하루 동안 엄청난 인체 활동을 수행한다. 평균 체중을 가진 성인의 심장은 10만 3689번 뛰고 피는 2억 6880만 킬로미터를 돈다. 또한 2만 3040번의 숨을 쉬며 약간 불필요한 말까지 포함해 약 4800단어를 말한다. 그리고 750개의 근육을 빠르게 혹은 천천히 움직인다. 뇌세포는 700만 개가 움직인다. 그러면서도 대부분 피곤함을 모른다.

인간은 이처럼 굉장한 조건을 타고났다. 여기에 더해 인간은 시간의 흐름과 함께 진화하며 꿈도 성장한다. 현재보다 나은 모습으로 거듭나겠다는 각오로 나아가면 분명 시간이 갈수록 모든 것이 업그레이드된다. 무엇보다 환상적인 것은 그것이 복리로 늘어난다는 사실이다. 일단 성과를 올리면, 한 단계 성장한 의식 수준으로 다시 미래를 설계해 나아갈 수 있다.

우리는 보통 현재의 정보를 통해 가까운 미래를 설계하며, 성장하면 그 단계에서 또 다른 미래를 설계한다. 따라서 30년 후를 설계하는 것보다 2~3년 후를 설계하는 것이 더욱 의미가 깊다. 내년 이맘때의 비전과 꿈은 분명 현재의 비전과 꿈보다 멋질 것이다. 왜냐하면 여러분이 지금부터 꾸준히 성장할 것이기 때문이다.

재미있는 사실은 미래를 내다보는 능력이 나이를 먹을수록 발달한다는 점이다. 쥐의 미래 감각은 30초에 지나지 않는 데 반해 사람은 두 살에서 세 살은 하루, 세 살 반 정도가 되면 일주일, 네 살이 되면 수개월로 늘어난다. 생활 경험과 행동반경이 넓어질수록 미래 감각이 향상된다.

무엇보다 중요한 것은 '미래를 어떻게 보느냐'가 그 사람의 현재에 커다란 영향을 미친다는 사실이다. 어느 심리학자가 학생들을 상대로 조사한 결과, 현재의 중요성에 대해 미래보다는 1.2배, 과거보다는 12.7배나 더 중요시하는 것으로 밝혀졌다. 과거는 그다지 중요시하지 않는 반면, 미래는 그 중요도가 현재와 거의 차이가 없다고 생각하는 것이다. 밝고 즐거운 미래를 내다보면 현재도 밝고 즐거워진다. 따라서 현재를 즐겁고 충실하게 보내려면 내일에 대해 밝게 전망해야 한다. 인간은 성장하는 존재이며 변화하는 존재다. 우리는 시간이 갈수록 스스로를 업그레이드할 수 있으므로 첫발을 내딛는 것에 대해 두려움을 가질 필요는 없다. 어렵게 생각할 필요도 없다. 일단 한 단계 오르고 난 다음 그 길을 따라 꾸준히 나아가면 된다.

그러면 간단하게 정리를 해보자. 먼저 나를 알고 무조건 좋은 생각을 해야 한다. 그렇다고 엄청나게 잘 해야겠다는 부담감을 안을 필요는 없다. 일단 첫발을 내딛는 것이 중요하다. 꿈과 비전을 생각하고 그것을 바탕으로 열정을 발휘하라. 내가 어디까지 이룰 수 있는지 생각하고 도전하라. 남의 시선 때문에 억지로 하는 것보다 정말로 하고 싶은 일을 하라.

생각의 토대 위에 성장하고 노력하는 삶을 쌓아 올려 꿈과 목표를 이루는 당신이 되기 바란다.

| 제2장 |

모든 에너지를 현재에 쏟아라

산전, 수전, 공중전

강연을 할 때 무엇보다 중요한 것은 소통이다. 청중이 '나와 강사는 다르다'라는 생각을 하는 순간, 강사와 청중 사이에는 눈에 보이지 않는 장막이 주르륵 내려온다. 탓에 나는 강연을 나갈 때마다 어떻게 하면 그 장막을 싹둑 잘라낼 수 있을지 궁리한다. 나는 절대 특별하지도 비범하지도 않다. 차이가 있다면 나는 서 있고 청중은 앉아 있다는 것뿐이다.

나는 내 이야기를 즐겨 한다. 그것이 장막을 잘라내는 데 가장 효과적이기 때문이다. 사실 인생 경험담은 말하는 사람을 들뜨게 하는 동시에 듣는 사람의 호기심을 바짝 끌어당기는 가장 좋은 재료이다. 제2장에서는 나의 경험담으로 이야기를 풀어가려 한다. 내가 과연 순간순간 스쳐가는 현재를 어떻게 보내면서 오늘에 이르게 됐는지에 관한 생생한 이야기를 들으며 현재를 어떻게 살아가야 할지 여러분 스스로 깨달으면 될 것이다.

솔직히 실패와 고난 투성이었던 내 삶에서 오늘의 성공을 점치기는 그리 쉽지 않았다. 내 얘기가 허공을 맴도는 한낱 성공자의 잘난 체로 여겨지지 않는 이유도 바로 여기에 있다.

학창시절, 우리 집은 정말 가난했다. 중학교 1학년 때 반에서 가장 가난한 학생을 뽑아 육성회비를 면제해줬는데 내가 그 혜택을 받았다.

그렇다고 내가 가난 때문에 주눅이 들었을 것이라는 섣부른 생각은 하지 않길 바란다. 중학교 2학년 때는 친구들이 나를 반장으로 선출해줄 정도로 인기도 많았고 명랑했다. 하지만 내가 반장으로 뽑혔다는 소식을 들은 담임선생님의 대답은 충격적이었다.

"강락이는 안 된다. 반장 선거를 다시 해라. 이번 선거는 무효다."

반 친구들은 일제히 술렁거렸다.

"정정당당하게 친구들의 표를 얻어 선출된 것입니다. 반장을 새로 뽑을 수는 없습니다."

학생들이 지극히 논리적인 말로 반발하자 담임선생님은 어쩔 수 없다는 듯한 표정을 지으며 그 이유를 설명해주었다.

"너희들도 알다시피 봄과 가을에는 교실을 새롭게 단장하고 필요한 물건들도 구비해야 한다. 그렇게 환경미화를 하려면 돈이 좀 드는데 그것을 반장이 떠맡아야 한다. 강락이네가 그런 것을 해줄 형편이 아니라는 것은 너희들도 잘 알고 있을 게다. 그래서 반장을 다시 선출하라는 말이다."

그때 정의감이 철철 넘치는 친구가 나서서 울분을 토해냈다.

"반장은 부잣집 애들만 해야 하고 가난하면 반장을 할 수 없다는 말씀입니까?"

아이들의 항의가 빗발치자 현실적인 입장만 고수하던 담임선생님이 한 발 물러섰고 결국 중재안이 나왔다.

"그러면 반장을 한 명 더 뽑아서 실외반장과 실내반장으로 나누자."

그때 나는 실내반장이 되어 교실에서 일어나는 일을 맡기로 했고, 대외적인 이목을 위해 화분을 사고 물품을 구비해야 하는 실외반장은 부잣집 친구가 맡았다. 물론 학급을 대표하는 존재는 실외반장이었고 나는 가난하다는 이유만으로 반장의 대표성을 상실했다. 그런 일을 겪으면서 어슴푸레하게나마 정글의 법칙이 적용되는 사회의 현실을 깨달았다.

'돈이 있으면 인생에서 유리한 점이 많고 가난하면 불리하거나 막히는 게 많구나.'

내가 대학에 들어갈 무렵에는 예비고사와 본고사를 모두 치렀는데, 인생이 내 발목을 잡고 싶었던지 예비고사 점수가 평소 실력보다 낮게 나왔다. 변명을 하자면 얼마든지 늘어놓을 수 있지만 어쨌든 결과는 참담했다. 진로상담을 위해 담임선생님과 면담을 하게 되었는데 예비고사 점수가 형편없었던 나는 고개를 들 수 없었다.

"지나간 것은 잊고 본고사에 전념해라. 본고사를 잘 보면 합격할 확률을 확 끌어올릴 수 있다."

예비고사 결과가 양쪽 어깨를 무겁게 짓눌렀지만 깨진 유리를 짜 맞출 수는 없는 노릇, 나는 본고사에 집중했다. 드디어 본고사가 끝나자 신문에 나온 예상 답안지를 들고 정답을 맞춰보았다.

그런데 얄궂게도 내 특유의 낙천성이 그 중요한 순간에 고개를 들고 말았다. 직접 내 답안지를 놓고 채점하는 것이 아니라서 기억에 의존할 수밖에 없었는데, 이때 아전인수(我田引水)격 맹랑함이 나를 부추겼다. 확실히 정답인 것에 동그라미를 그리는 것은 당연했다. 문제는 아리송했거나 망설였던 것까지 모두 나에게 유리한 쪽으로 해석해서 동그라미를 그려댔다는 데 있다. 긴가민가한 것까지 모두 맞혔다고 가정하자 점수는 예상보다 잘 나왔다. 내가 흐뭇한 미소를 짓고 있을 때 마침 이웃집 아주머니가 우리 집에 놀러 오셨다.

"표정을 보니 시험을 잘 본 모양이구나."

이런 말을 들으면 아무리 잘 봤어도 "나름대로 최선을 다했는데 결과는 나와 봐야 알겠습니다"라고 모범 답안을 말해야 하는 게 마땅한데, 어이없게도 나는 교만을 떨었다.

"네, 잘 본 것 같아요."

아주머니는 싱글벙글 웃으며 말했다.

"그래? 곧 좋은 소식이 있겠네."

발 없는 말이 천 리를 간다고 했다. 그 좁디좁은 시골마을에서 소문이 얼마나 빨리 내달렸겠는가. 그날의 해가 채 떨어지기도 전에 내가 시험을 잘 보았다는 소문이 온 동네에 쫙 퍼졌다. 그 다음날 집 밖으로 나섰더니 "시험을 잘 보았다며?"를 넘어서 "합격을 축하한다"라고 인사를 건네는 사람도 많았다. 이게 웬 김칫국이란 말인가. 변명할 새도 없이 온 동네가 내 합격을 축하하느라 법석이었다. 정말 난감했지만 이제 와서 합격 여부가 아직 확실하지 않다고 말할 수는 없었다.

마침내 합격자 발표날이 다가왔다. 개천에서 용 났다고 온갖 찬사를 들으며 서울로 올라온 나는 눈앞이 캄캄해진다는 것이 어떤 것인지 온몸으로 맛보았다. 하늘도 무심하시지, 동네 어른들의 찬사를 들었다면 내게 이렇게 차갑게 대할 수는 없었을 텐데 난 보기 좋게 미끄러졌다. 합격자 명단을 위에서부터 아래까지 훑고 또 훑어보았지만 '강락'이라는 흔하지 않은 내 이름 석 자는 어디에도 보이지 않았다.

기차를 타고 집으로 내려가는데 어깨 위에 놓인 머리가 왜 그리 무겁던지. 나는 집 안에 콕 틀어박혀 지냈다. 무슨 낯으로 문 밖을 나선단 말인가. 하지만 집 안에 있는 것도 하루 이틀이지, 답답함을 가눌 길 없어 고민하던 나는 해가 뜨기 전에 일어나 자전거를 몰고 집을 나섰다. 뚜렷한 목적지도 없이 단지 마을을 벗어나야 한다는 생각으로 국도를 따라 무조건 앞으로 나아갔다. 그렇게 달리다 다리가 아파오면 아무 데나 자전거를 세워 두고 가까운 동산에 올랐다. 푹신한 수풀에 벌렁 누워 하늘을 이불 삼아 낮잠도 자고 이리저리 자연 속을 헤매다 해가 질 무렵에 집으로 돌아왔다. 그렇게 시작된 새벽녘 나의 자전거 외출은 당시의 내게 유일한 낙이었다. 자전거가 마치 괴나리봇짐이라도 되는 양 이리저리 끌고 다니다 피곤하면 아무 데나 누워서 잤고, 그러다가 정신이 깨면 자연이 들려주는 소리에 귀를 기울이기도 했다.

어느 날 집으로 돌아가는데 다리가 풀리면서 유난히 힘이 들었다. 간신히 오르막길을 오른 나는 내리막길로 들어서자마자 무슨 생각에선지 가만히 있어도 내려오게 되는 내리막길에서 브레이크 대신 페달을 냅다 밟았다. 그야말로 광속도라는 표현이 딱 맞는 셈이었다. 그 속도감은 잠시나마 모든 것을 잊게 하는 쾌감을 안겨주었다. 하지만 내리막길을 거의 다 내려왔을 때 아뿔싸, 핸들이 말을 듣지 않았다. 보통 때 같으면 부드럽게 조종되었겠지만 그날은 가속도 때문에 핸들이 꼼짝하지 않았다. 그런데 하필이면 90도로 꺾어진 곳에 철조망이 턱하니 버티고 있었다. 자전거는 철조망에 쾅 부딪혔다가 10여 미터를 튕겨나갔고, 나는 그대로 기절했다.

눈을 떠보니 사방이 온통 하얀 칠로 도배된 병원이었다. 철조망에 대책 없이 부딪혔다는 것은 기억이 났지만 그 다음에 어떤 일이 벌어졌는지는 도무지 떠오르지 않았다. 온몸이 쑤셔왔다. 다행히 몸은 멀쩡했다. 안도의 숨을 내쉬며 무심코 이상하게 갑갑함이 느꺼지는 얼굴을 쓰다듬던 순간, 나는 온몸이 굳어지는 것 같았다. 이게 어찌된 일일까? 나올 곳은 나오고 들어갈 곳은 들어가는 것이 마땅한 얼굴이 아무런 굴곡 없이 평평했다. 아니, 내 코가 어디로 갔지? 사방을 둘러보며 거울을 찾았지만 깨진 유리조각 하나 보이지 않았다.

정형외과에 가면 대체로 거울이 없다. 어쩌면 그것은 정형외과를 찾는 환자들의 상태가 대개는 눈 뜨고 못 봐줄 지경이기 때문인지도 모른다. 뭔가 정상이 아니라는 것은 알겠는데 대체 뭐가 어떻게 비정상인지 알 수가 없었다. 손으로 더듬은 내 얼굴은 네모로 반듯하게 썰어 놓은 두부 같았다. 이윽고 부모님이 다가왔고 나는 궁금한 것을 속사포처럼 쏟아냈다. 분명 놀란 가슴을 진정하느라 꽤나 고통스러우셨을 부모님은 그나마 다행이라고 여기셨는지 비교적 담담하게 대답하셨다.

"너무 부어서 그렇지, 다 제대로 붙어 있다."

그야말로 징그럽게 찬란한 청춘이었다. 나는 퇴원을 하자마자 가방을 쌌고 1년간 재수생활에 들어갔다. 또다시 시험과의 전쟁을 두 번이나 치른 나는 보리처럼 뻣뻣하던 목을 묵직한 벼처럼 숙이며 겸손하게 말했다.

"결과는 발표가 나와봐야 알 것 같습니다."

다행히 합격했다.

운명과 맞장 뜨기

대학에 딱 들어가면 초기에는 널리리야 타령을 외치며 고교시절에 누리지 못한 자유를 맘껏 누리게 마련이다. 적어도 1학년까지는 그렇다. 그런 정신으로 어영부영 2학년까지 보내고 나면 3학년은 제법 묵직하게 다가온다.

4학년 1학기가 되자 동기들은 진로 문제를 상담하느라 정신없이 뛰어다녔다. 모였다 하면 진로에 대한 얘기뿐이었고 대학을 마지막으로 학생시절을 마감하는 친구들은 더욱더 그랬다. 내 동기들은 대개 가고자 하는 길을 확실히 정해두고 있었다. 뚜렷한 특징이라고 한다면 취업보다는 과학원이나 대학원 진학을 고려하는 친구들이 많았다는 점이다.

내가 선택한 공대 쪽에서는 과학원이 특히 인기가 있었다. 사실

내 성격상 박쥐 스타일은 아니지만 4학년이 되어서도 여전히 길을 정하지 못한 탓에 본의 아니게 박쥐 노릇을 하고 말았다. 과학원에 가겠다는 친구를 만나면 "나도 과학원에 갈까 해"라고 말했고, 대학원에 진학할 예정이라는 친구를 만나면 "나도 대학원에 갈까 해"라고 말했다. 한마디로 양다리였다. 그렇다고 내가 어떤 나쁜 목적이 있어서 그랬던 것은 아니고 그저 친구들과 어울려 정보를 좀 더 명확하게 분석하고 싶은 욕심이 있었을 뿐이었다.

친구들은 과학원과 대학원에 갈 사람들끼리 그룹을 이뤄 정보도 교환하고 함께 공부했다. 나는 두 그룹의 모임에 모두 참석해 두 가지를 소화하느라 늘 시간에 쫓겼다. 그런데 두 마리의 토끼를 잡으려던 내 양다리 작전은 여지없이 참패를 당하고 말았다. 시험 결과, 둘 다 떨어졌기 때문이다. 다른 친구들보다 유리한 고지를 점하고 있었다고 생각한 것과 달리 결과는 어느 하나에 집중하지 못한 나를 그대로 무너뜨렸다.

나는 공대 기계 전공이라 다른 친구들이 3 대 1, 4 대 1, 5 대 1의 경쟁률을 뚫고자 애쓸 때 겨우 1.4 대 1의 경쟁률만 뚫으면 그만이었다. 여기에다 본교 졸업생들의 응시율이 낮다는 이점까지 안고 있었다. 이러한 현실을 파악하고 있던 친구들은 시험을 보자마자 마치 이미 합격이라도 한 것처럼 축하의 말을 건넸다. 지치도록 시험공부에 매달려야 하는 친구들이 부러운 시선을 보내는 것은 당연했다.

하지만 뚜껑은 실로 열어봐야 아는 법이다. 일어나지 않았으면 하는 일일수록 잘 일어난다는 겁퍼슨의 법칙은 내 인생을 사정없이 후려쳤다. 다른 친구들은 상당히 높은 경쟁률을 뚫고 모두 합격했지만 낮은 경쟁률도 뚫지 못한 나는 고개를 떨어뜨릴 수밖에 없었다.

인생이 정말 얄궂게 느껴졌다. 함께 공부한 친구들은 죄다 높은 경쟁률을 뚫고 합격했는데 비교적 조건이 좋았던 나 혼자만 떨어졌으니 그때의 심정이 어떠했을지 헤아려지는가. 한동안 방황하던 나는 마음을 고쳐먹고 자리에서 일어섰다.

'학교에서 배우지 못할 상황이라면 현장에 가서 배우자. 인생이라는 학교에는 졸업이 없다고 했다. 우리는 모두 백년학생이라고 하지 않은가. 어차피 죽을 때까지 배워야 하는 거라면 엉덩이를 의자에서 떼어내 온몸으로 배우는 것도 괜찮지 않을까? 좋아, 내가 친구들보다 사회에 먼저 나가 선배로 우뚝 서보자.'

취업 쪽으로 눈을 돌리자 문득 현장의 굴뚝 냄새가 풍겨 오는 듯했다. 1980년대 초는 우리나라가 고도 성장기를 맘껏 누리던 시절이라 지금처럼 취업을 못할까 봐 걱정할 필요는 없었다. 1982년 당시 공대생들이 선호하던 양대 회사는 현대중공업과 대우중공업이었다. 그때 내가 선택의 기준으로 삼은 것은 회사가 어디에 위치하고 있는가 하는 것이었다. 현대중공업은 울산에 있었고 대우중공업은 인천에 있었는데 아무래도 친구들과 한 뼘이라도 가까운 곳에 있는 것이 나을 것 같아서 대우중공업을 선택했다.

그런데 신입사원 연수가 끝나고 부서 배치를 발표하는 날, 어찌 된 일인지 나를 비롯해 몇몇 사람의 이름이 누락되었다. 회사 측에서는 이름이 호명되지 않은 사람들을 따로 모이게 했고, 한참이 지난 뒤에야 대우정밀공업주식회사로 가게 되었다고 전해주었다. 생전 처음 들어 보는 회사였다. 사회 초년생의 첫 밥그릇이 달린 문제라 인사담당자에게 이것저것 묻자 황당한 대답이 돌아왔다.

"저도 가보지 않아서 잘 모르겠습니다. 들리는 말로는 그곳에 산이 많고 나무와 호수도 있답니다. 아참, 노루도 있다고 하네요."

그래도 여기까지는 환상적인 전원생활이 그려졌지만 그 다음 말이 내 뒤통수를 뻣뻣하게 만들었다.

"반경 2킬로미터 이내에 사람만 없다고 합니다."

내가 대우중공업을 선택한 이유는 오로지 가까운 곳에 있다는 지리적 이점 때문이었다. 그런데……, 나의 얕은 꾀는 저멀리 허공 속으로 붕 날아가 버리고 말았다. 머리가 아닌 온몸으로 배우겠다는 꿈을 품고 첫 삽을 뜨게 된 장소가 경남 양산군 철마면 송정리라는 첩첩산중이라니. 당장이라도 확 사표를 던지고 싶었지만 자존심이 허락지 않았다. 시작부터 등을 보이고 싶지 않았다. 세상에 시작도 해보지 않고 변명하는 것만큼 비겁한 짓이 또 어디 있겠는가.

'좋아, 인생과 한바탕 씨름을 해보자. 수렁으로 밀어넣으면 넣을수록 악착같이 일어서보자. 내 인생의 주인은 운명이 아닌 바로 나 자신이다.'

오기가 생기자 이것이 오히려 기회가 될 수도 있겠다는 생각이 들었다. 문득 '개척'이라는 말이 젊은 날의 내 가슴을 설레게 했다. 내가 황야를 일구는 개척자가 될 수도 있지 않은가. 슬쩍 서부영화가 떠오르면서 시가를 문 클린트 이스트우드의 찡그린 표정이 스쳐지나갔다. 하지만 이도 잠시, 망치로 머리를 내리치는 듯한 말이 들려 왔다.

"내일 아침 부산역에 도착하면 통근버스가 대기하고 있을 겁니다. 미리 기다리고 있다가 그걸 타고 산속으로 가면 됩니다."

공장은 마치 깊은 산속 옹달샘처럼 우거진 수풀 속에 삐죽이 고개를 내밀고 있었다. 아름다운 자연에 둘러싸인 그 딱딱한 시멘트의 부조화가 지금까지도 강한 인상으로 남아 있다. 그 야생의 세계에서 우리는 또다시 군대에 들어온 것은 아닌가 착각할 정도로 매일 작전을 수행했다. 개척 시대의 거친 몸짓을 고스란히 되살리는 것은 물론 '100일 작전' 등의 구호를 뇌리에 각인시키며 스스로를 담금질했다. 지금 들으면 기가 찰 노릇이지만 100일 작전이란 100일간 10시 이전에는 퇴근하지 않는 것을 의미했다. 3개월 넘게 정시 퇴근을 하지 못했으니 그 상황이 얼마나 열악했는지 짐작할 수 있을 것이다.

그때 미혼이던 나는 멀티플레이어가 되어 현장을 종횡무진 누비며 작전 수행의 온갖 궂은일을 도맡아 해야 했다. 더구나 기숙사가 공장 안에 있었던 터라 나는 하루 24시간을 꼬박 회사에서 보내며

월요일부터 토요일까지 산속 전투를 치렀다. 일요일이나 되어야 겨우 공장을 벗어날 수 있었다. 보이는 것이라곤 산, 나무, 풀밖에 없는 황량한 산속에서 기계와 씨름하며 이내 청춘을 바쳤다.

정신없이 1년을 보내고 나자 슬슬 회의감이 찾아들었다.

'이렇게 고립된 공간에서 박박 길 줄 알았다면 차라리 현대중공업으로 갈 걸. 내가 첫 단추를 잘못 꿰었구나.'

그때는 왜 그렇게 퇴보하고 있다는 생각이 들었던지 젊음을 엉뚱한 곳에 투자하고 있는 것 같아 불안하기만 했다. 나는 이직하기 위해 몇 군데 원서를 넣었다. 하지만 내 기대를 충족시켜 줄 만한 조건을 제시하는 회사는 없었다. 사회 곳곳이 전투적으로 경제활동을 수행하고 있던 시절이라 어딜 가든 애초에 내 기대를 충족시키기는 어려웠다.

결국 나는 경남 양산군 철마면의 산속에서 만 10년간이나 작전을 수행했다.

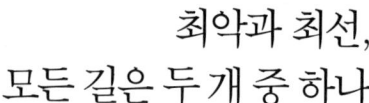

최악과 최선,
모든 길은 두 개 중 하나

나는 1958년생으로 앞서 말한 것처럼 시시때때로 삶이 녹록하지 않다는 것을 깨달으며 대학을 졸업했다. 물론 1982년 대우정밀에 입사한 이후에도 나는 번번이 삶에 얻어맞았다. 1992년에 서른다섯 살이 되었지만 삶은 여전히 호락호락하지 않았다. 나를 버티게 해준 것은 오로지 순탄치 않은 내 인생에 굴복하지 않겠다는 오기와 뚝심뿐이었다.

그때 내가 현재와 미래에 대해 낙관적이었을까? 절대 그렇지 않았다. 혹시 여러분이 그 나이에 있다면 한번 생각해보라. 여러분은 현재와 미래를 낙관적으로 보고 있는가? 아마 지나치게 낙천적인 몇 사람을 빼고는 대부분 그렇지 않을 것이다. 나는 젊은 시절의 방황이 나만이 겪은 고통인 줄 알았다. 하지만 주변 사람들과 소통하기 시작하면서 그것이 나만의 문제가 아님을 알게 되었다. 남들이 대단하다고 인정하는 사람들을 만나 그 시절에 대해 물어보면 나보다 더 절망적인 상황에 놓여 있던 사람도 꽤 많았다.

서른다섯 살이 될 때까지 나는 회사에서 몸으로 작전을 수행하는 동시에 머릿속으로 그보다 더한 전투를 치르고 있었다. '이래 갖고 뭐가 되겠어' '이것이 진정 내가 나아가야 할 길인가'라는 온갖 잡념과 '아냐, 난 할 수 있어' '분명 내게도 좋은 기회가 찾아올 거야'라는 생각이 끊임없이 싸움질을 해댔다. 어떤 날은 긍정이 이기고 또 어떤 날은 부정이 이기면서, 매일 엎치락뒤치락 승리의 깃발이 수없이 자리를 바꾸어 꽂혔다.

여러분에게 혹시 좌절감, 나약함, 연약함이 찾아든다면 그대로 추락해서 의식의 끝까지 가보라. 주인의 의지와 상관없이 싸워대는 의식이 자기 생각을 충분히 토해내도록 바닥까지 내려가면 그다음에는 올라오는 길밖에 남지 않는다. 그때 뒤집으면 된다.

부정적인 의식이 마음껏 지껄이다가 지치도록 내버려두라. 나도 숱하게 '나는 어려울 것 같은데'라는 생각으로 번민하고 갈등했다. 그때 나는 '부정의 끝'이 어디인지 곰곰이 생각했다. 나에게 최악은 무엇인가? 그 최악을 떠올려보니 절대 내가 원하는 삶이 아니었다. 그다음부터는 내가 원하는 삶을 떠올렸다. 길은 두 가지 중 하나였다. 최악으로 향할 것인가, 최선으로 갈 것인가. 답은 분명했다.

비록 어쩔 수 없는 상황에 떠밀리느라 의식과 끊임없는 전투를

벌였지만 어쨌든 나는 만 10년을 대우정밀에서 근무했다. 서당개 3년이면 풍월을 읊는다는데 한 직장에서 10년을 일한 내가 얼마나 기계의 성질을 속속들이 파헤쳤겠는가. 진절머리가 애정으로 바뀔 만큼 나는 기계와 밀착된 사람으로 거듭났다.

미국의 천재적인 작가 말콤 글래드웰의 《아웃라이어》에 보면 1만 시간의 법칙이 나온다. 이것은 한 분야에서 전문가로 성장한 사람은 대개 1만 시간의 노력을 투자한다는 것을 통계로 보여주는 의미 있는 법칙이다. 1만 시간을 위해 하루에 3시간을 투자하면 3333일로 거의 10년이 된다. 같은 맥락에서 내가 대우정밀에 10년을 근무했다는 것은 내 일에 대해 완벽에 가까울 만큼 익숙해졌다는 것을 의미한다.

어떤 일을 시작하든 간에 처음 1년은 모든 것이 새롭고 낯설기 때문에 어렵게 느껴진다. 그러다가 3년쯤 흐르면 실무자의 위치에서 어느 정도 일의 속성을 파악하게 된다. 5년이 되면 최소한 자신이 맡은 분야에서만큼은 유능한 사람으로 거듭난다. 나아가 7년이나 8년이 되면 폭이 더 넓어져 다른 사람이 하는 일도 잘 이해하게 된다. 내 일을 잘하는 것을 넘어서서 다른 사람의 일까지 이해하면 덤으로 리더십을 얻을 수 있다. 이어 10년쯤 되면 회사 전반에 대한 이해도가 한층 높아진다. 단순한 업무처리에서 벗어나 사장이 무슨 생각을 하는지, 회사가 어디로 나아가고 있는지를 가늠할 수 있는 보다 폭넓은 시야를 갖게 된다는 얘기다.

그렇다면 꼭 10년이라는 시간을 한 분야에서 보내야 이러한 전문성이 생기는 걸까? 물론이다. 이 기간을 아무리 단축하려 해도 1년이나 3년 만에 이를 터득하기는 불가능하다. 얻어맞을 만큼 맞고 상처투성이가 되어 뒹굴 만큼 뒹굴어봐야 깨달을 수 있다. 그것이 정형화된 물질이나 물건이라면 그냥 건네받을 수도 있겠지만, 그것은 그 누구도 거저로 내주기 어려운 무형의 경험이다. 그러니 인생에 맞서 싸워나가는 것 말고는 달리 도리가 없다.

나에게 대우정밀에서의 10년은 이해의 폭을 넓히는 학습 기회였다. 물론 회사 입장에서는 월급을 주고 사람을 고용한 것이므로 직원을 하나의 수단으로 생각할 수도 있다. 그러나 직원 입장에서는 업무를 진행하고 사람들과 관계를 맺어가면서 자연스레 학습을 하게 되는 절호의 기회가 된다. 개중에는 직장생활을 지긋지긋하게 여기는 사람도 있지만 그것은 그 생활이 안겨주는 삶의 지혜가 얼마나 대단한 것인지 깨닫지 못한 탓이다. 상하관계, 동료관계, 팀워크 등을 어디 가서 배우겠는가. 그런 것을 직접 경험해보지 않고 어떻게 알겠는가. 직장생활은 월급을 받아가며 사회체계와 일을 전수받는 과정이다. 그러므로 불평과 불만을 털어내고 가능한 긍정적인 자세로 그 학습 기회를 최대한 활용해야 한다.

사람마다 완급이 있고 속도의 차이가 있긴 하지만 10년이 지나면 대개는 자신의 분야에서 유능해진다. 물론 어떤 사람은 5년 만에 탁월한 능력으로 그 분야를 석권하기도 한다. 어쨌든 적어도 10년이 되면 누구나 자기 분야에서 일가견이 생긴다. 한 우물을 파는 것은 그래서 중요하다. 더구나 한 분야를 석권하면 그것이 탄탄한 지름길로 작용해 다음 분야로 수월하게 나아갈 수 있다.

만약 내가 철새처럼 여기저기 기웃거리며 이직했다면 어중이떠중이가 되었을지도 모른다. 제대로 아는 것 하나 없이 대충 설익은 모습이 되었을 수도 있다. 마음속으로 오기의 칼을 갈며 10년을 버텨내는 동안, 나는 삶이 나를 얼마나 사랑하는지 깨닫게 되었다. 삶은 나를 주저앉히고 두들겨 팬 것이 아니라 나 자신을 직시하도록 이끌었다. 삶은 단지 내 세포 구석구석에 끼어 있는 거품을 걷어내고자 자꾸만 발을 건 것이었다. 덕분에 나는 들뜨지 않는 사람, 허풍 떨지 않는 사람으로 거듭날 수 있었다.

대학을 졸업할 무렵 나에게는 어느 정도 허세와 허풍이 있었다. 과시욕, 잘하고 싶은 욕심, 쥐뿔도 없으면서 남에게 인정받고자 하는 거만함이 내 몸을 감싸고 있었다. 그런 탓에 나는 내 능력을 부풀려서 말하곤 했다.

하지만 현장에서의 10년은 그 모든 거품을 걷어내고 내 존재 자체를 증명해 보여줄 수 있는 알토란 같은 시간이 되었다. 현실을 직시하고 내 본연의 모습으로 돌아가 주어진 기회를 겸손하게 활용하는 사람으로 거듭나게 해주었다. 어쩌면 나는 10년간 산속에서 기계와 맞장을 뜬 것이 아니라 인생의 도를 닦은 것인지도 모른다.

나는 기계를 전공한 엔지니어다. 내 꿈과 비전은 그곳에 초점이 맞춰졌고 나는 최고의 기술자가 되어야겠다고 다짐했다. 거품이 조금도 가미되지 않은 내 소박한 꿈은 바로 일류 기술자가 되는 것이었다. 이를 위해 나는 엔지니어의 ABC부터 새롭게 시작했고 단계별로 착착 능력을 키워나갔다.

엔지니어라면 누구나 알고 있겠지만 기사 1급 자격증을 받고 현업에서 7년 이상 일하면 기술사 자격증에 도전할 자격이 주어진다. 나는 대우정밀의 정통 엔지니어로서 기술사 자격증을 취득해 내 분야에 좀 더 깊이 파고 들어가야겠다고 마음먹었다. 당시 회사에는 수백 명의 엔지니어가 있었지만 기술사는 몇 명 되지 않았다. 기술사 자격증을 취득하면 따로 기술사 수당이 나왔는데 그것은 인센티브로서 상당히 매력적이었고 도전할 만한 의욕을 불어넣었다.

'좋아, 기술사 자격증을 따자.'

사람은 꼭 갖고 싶은 것이 생기면 모든 것을 바쳐 노력한다. 일단 결단이 서면 남는 것은 행동뿐이다. 그리고 행동은 반드시 그만 한 대가를 안겨준다.

나는 오로지 한 곳에 집중했고 결국 1990년에 기계 기술사 자격증을 취득했다.

진정한 프로가
되는 길

엔지니어 세계에서 가장 중요한 것은 경험이다. 깨지고 부딪치면서 몸으로 내공을 쌓지 않으면 프로가 될 수 없다. 대개는 밥으로 배를 채우고 지식으로 머리를 채우는 것으로 그만이지만, 엔지니어는 여기에 더해 경험으로 몸을 채워야 한다.

1982년 1월 말, 대우정밀과의 인연을 시작하면서 약 3개월의 신입 엔지니어 교육 과정에 들어갔다. 이 교육 과정에 참여한 25명을 위해 과목마다 선배 엔지니어들이 배정되었고, 그들은 말 그대로 평생을 써먹어도 좋을 원조 기술을 우리에게 가르쳐주었다. 우리는 행운아였다. 미국에서 기술을 배워온 정통 엔지니어들로부터 전문 지식을 습득한 선배들에게 진국에 가까운 실무를 배울 수 있었다.

한국은 1970년대에 기계공업의 현대화를 위해 다양한 기술을 도입했는데, 그중에서도 우선순위를 차지했던 것은 방위산업 분야다. 대표적으로 미국 콜트사로부터 소총을 만드는 정밀 가공 및 조립 분야 기술을 이전받게 된 한국 정부는 엘리트 엔지니어들을 선발해 미국 콜트사에 연수를 보냈다. 이들 엔지니어는 수년간의 연수를 통해 그동안 축적된 미국 제조업의 설계, 제조, 생산, 조립, 그리고 품질관리 기술을 그대로 전수받는 행운을 누렸다. 바로 이들이 우리의 선배 엔지니어들을 양성했고 그들은 또다시 우리에게 노하우를 넘겨주었다. 이처럼 기술의 도미노는 우리에게까지 도달했고 덕분에 우리는 게걸스럽게 그 열매를 따먹었다.

3개월의 교육 기간 동안 우리는 책에서 볼 수 없는 생생한 지식과 노하우를 스펀지처럼 빨아들였다. 직접 경험한 에피소드와 현장 얘기를 실감나게 들려주는데 어찌 군침이 돌지 않겠는가. 예를 들어 대학시절에 사용했던 책에는 브로치 설계 과목에 관한 내용이 겨우 반쪽 분량도 되지 않았지만 우리는 그것에 대해 3일간 배웠다. 반쪽 분량의 내용을 가지고 3일간 학습했으니 그 내용의 깊이가 얼마나 깊었겠는가.

신입사원 연수를 마치고 생산기술부서의 지원기술과에 배속된 나는 곧바로 엔지니어로서의 실무를 수행했다. 처음으로 주어진 과제는 그동안 인치(inch) 규격으로 사용해온 공구들이 메트릭(metric) 규격으로 바뀜에 따라 두 가지 공구를 동시에 사용할 수 있는 홀더를 설계, 제작하는 일이었다. 당시 나는 나름 기계와 함께 뒹굴며 열심히 도면을 그렸지만 오랫동안 기계 가공 및 조립을 담당해온 현장 분들이 보기에는 애송이에 불과했다. 꾸지람과 함께 쏟아부어진 애정 어린 가르침은 나를 새롭게 태어나게 했다.

세포 하나하나까지 프로엔지니어로 거듭나기 위한 내 발걸음은 그렇게 현장으로부터 시작되었다. 현장은 땀을 요구했고 땀을 흘린 만큼 내공이 착착 쌓였지만, 기계와의 한판 승부는 언제나 긴장의 연속이었다. 다이캐스팅 금형을 제작한 다음 그것이 올바르게 만들어졌는지 확인하기 위해, 혹은 시제품을 생산하기 위해 금형을 다른 공장으로 옮기는 일은 비일비재했다. 저녁 늦게까지 공장에 있다가 밤에 완성된 금형을 가지고 공장 문이 열리는 시간에 맞춰 간 일도 있었다.

그렇게 생산기술부의 지원기술과에서 공구 설계, 시제품 제작 등의 업무를 배운 다음에는 공정설계과로 옮겨 양산 제품의 생산기술 업무를 익히게 되었다. 생산기술 엔지니어는 이론이 아니라 현장의 수많은 시행착오 속에서 만들어진다. 실천 학습으로 체화된 경험, 다시 말해 산지식이 엔지니어를 살찌우는 영양제다. 특히 신규 프로젝트를 맡아 일에 빠져들다 보면 기술이 저절로 내 몸 안으로 들어왔다.

어느 날 압축공기를 이용한 모터를 만들어 그 모터로 작업공구를 제작하는 프로젝트를 맡게 되었다. 그런데 전담팀이 선진 제품을 참고로 해서 자신만만하게 만들어낸 모터는 성능 테스트에서 '규격

미달'이라는 꼬리표를 받았다. 원인을 밝혀내기 위해 모두들 머리를 맞대고 고민했지만 성능은 쉽게 개선되지 않았다. 어이없게도 100대를 조립하면 겨우 한 대만 합격하는 정도였다.

다양한 연구와 분석 끝에 정밀도에 집중하자는 결론을 내렸는데, 이번에는 현장의 반발이 만만치 않았다. 대량생산을 해야 하는 제품을 예술품처럼 만들 수는 없다는 얘기였다. 또다시 몇 개월간의 전투가 벌어졌고 엄청난 시행착오 끝에 드디어 만족할 만한 성능을 뽑아냈다.

하지만 이것으로 우리의 프로젝트가 끝난 것은 아니었다. 천신만고 끝에 개발한 제품을 앞에 두고 고객이 냉정한 평가를 들이댔다. 국산 제품을 우습게 보는 안목과 그들만의 주관적인 잣대에 철퇴를 내리려면 방법은 하나뿐이었다. 세계에서 가장 우수한 품질과 가장 싼 제조원가를 실현하는 것. 물론 고객이 원하는 제품을 설계하고 최고의 제조공정에서 생산함으로써 정당한 평가를 받는 작업은 결코 쉽지 않다. 그래도 엔지니어의 유일한 탈출구는 바로 그것을 해내는 데 있다.

기술연구소에서 일할 무렵, 한번은 수출용 자동차 모터를 개발해 생산, 수출하라는 지시를 받았다. 대담하게도 경쟁업체는 일본과 미국의 내로라하는 전문기업이었다. 우리는 최고의 생산라인을 만들기 위해 먼저 전국의 유사한 라인을 죄다 찾아다니며 취할 것은 취하고 버릴 것은 과감히 배제하면서 지혜를 한데 모았다.

그러한 과정을 통해 공장을 짓고 생산과 수출까지 원만하게 추진했는데, 어느 날 공장을 방문했다가 이상한 광경을 목격하게 되었다. 구입가격이 가장 비싸기로 유명한 검사 및 수정작업 설비가 생산품을 검사 후 수정 없이 전부 통과시켰다. 이전에 방문했던 모든 공장에서 검사 후에 항상 수정 작업이 이뤄지는 것을 보았던 나는 순간 문제를 직감했다.

다양한 경로로 자문을 받아본 결과 스펙에 차이가 있는 것으로 밝혀졌다. 일반적으로 모터를 장기간 사용하면 열이 나고 소음과 내구성의 품질 문제가 발생한다. 그런데 내가 설계해 만든 모터는 고급 승용차의 의자를 자동으로 움직이게 하는 것으로 사용빈도수나 사용시간이 매우 적어 스펙이 간단해 품질 문제 발생빈도가 낮게 나타났다. 결국 나는 해당 설비를 공정에서 제거했다. 하지만 이미 전용 설비로 투자한 이후의 개선이라 해당 설비의 개선 효과는 금액에 반영되지 않았다. 이를 통해 나는 뒷북을 칠 것이 아니라 애초부터 잘해야 한다는 원칙을 터득하게 되었다.

단정하긴 어렵지만 수많은 제조공장에서 이뤄지는 개선 활동은 사실 엔지니어가 사전에 마땅히 고려해야 할 포인트를 누락했다가 나중에 발견해 시정하는 것이 아닌가 하는 의심이 든다. 최고의 제품 경쟁력은 엔지니어의 안목에서 결정되는 셈이다. 바쁜 일정 때문에 급하게 설계와 생산기술을 전개했다가 나중에 고쳐나가는 것은 실력이 없음을 증명하는 꼴이다. 같은 맥락에서 기업의 경쟁력

맥을 찾아야 한다. 어떤 것에 집중해야 하는가에 있어서 쉽고 어려운 것은 중요치 않다. 어디까지나 냉철하고 종합적인 사고로 그 하나를 찾아내는 데 집중해야 한다.

그 하나를 골라내는 방법에는 두 가지가 있다.

첫째, 자신이 해야 할 일을 모두 나열한다. 이것저것 재지 말고 생각나는 대로 몽땅 기록한다. 내가 관찰한 바에 따르면 적게는 15개부터 많게는 60개까지 기록한다. 그다음에는 나름대로 우선순위를 정한다. 간혹 우선순위가 모호한 것이 나오기도 하지만 어쨌든 1등부터 5등까지 뽑아낸다. 그리고 다시 한 번 신중하게 들여다보고 고심한 뒤 그중에서 자신이 꼭 해야 할 단 하나를 고른다.

둘째, 오늘로부터 최근 1년간 내 인생에 있었던 이벤트, 경험 등을 기록한다. 이것 역시 생각나는 대로 죽 적는다. 8개든 10개든 생각나는 대로 모두 적어야 한다. 그런 다음 하나하나에 대해 평가를 한다. 그 일을 하기 전에 어떤 기대치가 있었는가? 예를 들면 정말 잘해내고 싶다, 그냥 잘하면 좋지 뭐, 별로 하고 싶지 않다, 이건 일생일대의 기회야, 왜 이런 일에 말려들었을까 등의 기대치가 있다.

그 일을 끝낸 뒤 자타가 공인하는 평가는 어땠는가? 좋든 나쁘든 상관없다. 사실 그대로의 평가가 중요하다. 정말 탁월했다, 보통이다, 원만한 것 같다, 억지로 해서 결국 죽을 쒔다 등의 평가가 있을 수 있다. 이러한 기록을 살펴보면 어떤 패턴이 보인다. 개중에는 기대치에 맞게 수평 이동한 것도 있을 테고 기대치보다 올라간 것과 내려간 것도 보인다. 잘되었다, 사실은 대충 했는데 모든 사람에게 좋은 평가를 받았다, 잘하려고 했는데 일이 꼬여 제대로 하지 못했다 등의 내용도 가능하다. 이때 올라간 것과 내려간 것의 목록을 선별한다. 대개는 별로 기대하지 않았는데 결과가 좋았다거나 잘하고 싶었는데 잘되지 않았다는 것으로 구분된다. 일반적으로 10개의 목록이 있다면 그중에서 기대치보다 올라간 것 3개, 보통이 3개, 내려간 것이 3개가 나온다. 하지만 이 숫자는 별로 중요하지 않다. 그것을 보고 파악해야 할 것은 바로 '내 적성'이다.

올라간 것과 내려간 것의 목록을 가만히 들여다보면 내 적성이 보인다. 올라간 것은 내 적성에 맞는 것으로 내 기질을 반영한다. 설령 별로 하고 싶지 않아 남들이 억지로 떠맡긴 것일지라도 기대치보다 올라간 것은 내 적성에 맞는 일이다. 반대로 내려간 것은 내가 잘하고 싶어 선택한 것일지라도 내 적성에 맞지 않는 일이다. 남이 잘하는 것을 보고 나도 잘하고 싶어서 노력하긴 해도 일은 꼬이고 만다.

당연한 얘기지만 기대치 이상의 성과를 올린 쪽을 선택해서 자기계발을 해야 한다. 내가 정말로 잘할 수 있는 분야에 집중하면 노력을 덜 들이고도 효과를 최대로 높일 수 있다. 늘 신경 써야 할 것은 한두 개를 선택하되 핵심을 잘 짚어야 한다는 점이다. 노력에 따라 성과가 나오는 것은 핵심을 잘 짚었다는 것을 의미한다. 반면 인풋만 있고 아웃풋이 없으면 핵심을 잘못 짚은 결과이다.

루트 코스를 파악하라

다시 한 번 강조하지만 우리의 능력은 유한하고 기대치는 무한하기 때문에 기대치 중 일부를 선택해야 한다. 이때 전체 중에서 하나를 선택하되 맥을 잘 짚는 것이 매우 중요하다. 내가 우선적으로 선택해야 할 것은 무엇인가? 내게 맞는 것은 무엇인가? 이러한 의문에 대해 깊이 생각한 다음 거기에 올인해야 한다.

어떤 것을 선택해도 상관없다. 일단 선택한 다음에는 깊이를 봐야 한다.

예를 들어 사업가가 재무성과를 높여 순익을 키우고 싶을 때는 어떻게 해야 규모를 키울 수 있을지, 사업이 잘 되도록 하려면 어떻게 해야 할지 그 원인과 인자들을 깊이 있게 관찰해야 한다. 재무적 성과나 순익은 고객과 관련돼 있고 고객의 선택을 받으려면 시대적, 사회적 상황을 민감하게 살펴야 한다. 어디까지나 고객의 입장에서 고객이 원하고 찾는 상품을 만들어야 하기 때문이다. 한마디로 고객만족도를 높여야 한다. 고객이 만족하면 재무적 성과는 저절로 따라온다. 어떻게 하면 고객만족을 실현할 수 있을까? 종업원을 늘리면 서비스가 좋아져 고객만족이 실현될까? 고객만족을 키워드로 삼는 기업은 특히 QCD, 즉 품질(Quality), 가격(Cost), 납기(Delivery)에 대한 속성을 잘 관리해야 한다. 품질과 가격 수준이 고객의 마음에 들어야 하고 납기일을 철저히 준수해 대응력을 키워야 한다. 그저 말로만 잘 하겠다고 하는 것은 아무런 의미가 없다. 프로세스와 방법을 혁신해 고객만족을 실현해야 한다.

좋은 결과를 이끌어내려면 방법이 좋아야 한다. 일하는 방법, 즉 프로세스가 고객만족을 실현할 수 있는지 살펴야 한다. 이때 아이디어를 벤치마킹하는 것도 하나의 요령이다. '남들은 어떻게 경쟁하는가? 남에게서 배울 것은 없는가?'에 대해 늘 촉각을 곤두세워라. 만약 좋은 아이디어, 다시 말해 우수한 성공사례(best practice)가 있다면 그것을 배워야 한다. 늘 배우려는 자세로 '어떻게'를 고민해야 한다. 남들은 어떻게 잘할까? 남들은 어떻게 고객을 만족시킬까? 남들은 어떻게 품질관리를 할까? 등등.

창의성을 발휘하지 못하고 아이디어를 이끌어내지 못하면, 나아가 배우려는 자세가 없으면 프로세스는 개선되지 않는다. 자만심에 젖어 '우리는 충분히 잘하고 있다'고 생각하는 순간 움직임은 더뎌

지고 심지어 더 이상 전진하지 못한다. 성과를 올리려면 열린 자세로 좋은 이야기를 듣고 배우려는 자세를 갖춰야 한다. 벤치마킹은 기업 활동에서만 일어나는 것이 아니다. 남을 본받고 아이디어를 모방하는 것은 우리의 일상생활 곳곳에서도 엿볼 수 있다. 특히 매일 같이 두뇌싸움을 벌이며 창작 활동에 몰두해야 하는 예술 분야는 그 정도가 심하다. 대표적으로 1998년 아카데미상을 휩쓴 영화 '타이타닉'의 제임스 캐머런 감독은 미술에서 기막히게 벤치마킹을 했다. 그 영화에서 결정적인 역할을 한 주인공 로즈의 누드화는 티치아노의 '우르비노의 비너스'에서 따왔다. 그리고 뱃머리 위에서 로즈가 두 팔을 벌린 채 바닷바람을 맞으며 옷깃을 휘날리는 타이틀 장면은 그리스 조각상 '사모트라케의 승리의 여신'을 슬쩍 모방했다. 또한 영화 'ET'의 스티븐 스필버그 감독은 소년과 외계인의 손가락이 마주하는 장면에 미켈란젤로의 '아담의 창조'를 인용했다.

어떻게 하는 것이 잘하는 것인지, 무엇을 해야 하는지 한 번 더 생각하면 그 뿌리를 찾을 수 있다. 어떤 상황에서든 잘하고 싶은 게 있으면 깊이 따져 보고 그 뿌리가 무엇인지 파악해야 한다. 뿌리를 확실히 잡아 그것에 집중하면 모든 것이 기대했던 대로 풀려간다.

정말로 잘해야 하는 것이 무엇인지 들여다보라, 폭넓게 분석하라, 깊이 생각하라. 이러한 자세를 '파이브-와이(five-Why)'라고 한다. 이는 왜 그렇게 생각하는지 '왜'를 다섯 번 물으면 진짜 문제를 알게 된다는 것을 의미한다.

우리는 보통 '왜'를 한 번이나 두 번만 묻는다. 그러면 임시방편으로 대응해 즉각적인 처방을 내릴 수 있다. 하지만 이 경우에는 간신히 한 단계만 좋아질 뿐이다. 근본적인 처방을 내리려면 좀 더 깊이 봐야 한다. 적어도 네 번, 다섯 번을 들여다봐야 한다.

모든 결과에는 원인이 있다. 깊이 파고들어 그것을 파악해야 한다. 루트 코스(root course), 다시 말해 뿌리가 되는 원인을 찾아내 인과관계를 분석하라.

예를 들어 종이컵의 제조원가를 분석해보자. 만약 종이컵의 제조원가가 100원인데 이를 50원으로 조정하려면 어떻게 해야 할까? 모든 물건의 원가는 재료비든 인건비든 두 가지 요소로 구성되어 있다. 하나는 단가이고 다른 하나는 양이다. 단가 곱하기 양을 하면 원가가 나온다. 재료비(원가)는 재질별 단가 × 사용량, 가공비는 공정 × 시간으로 구한다.

먼저 종이컵의 재질별 단가를 살펴보자. 종이의 질은 수백 가지에 이르고 품질에 따라 단가는 모두 다르다. 우선 종이 전문가에게 일회용 컵은 최소한 어느 정도의 재질을 충족시켜야 하는지 알아본다. 같은 일회용 컵일지라도 커피용이나 음료용 등 용도에 따라 재질이 다르기 때문이다. 음료용 컵은 상대적으로 튼튼한 편이다.

종이는 재질에 따라 단가가 매우 다양한데 고품질로 갈수록 단가가 올라간다. 따라서 '기능과 역할에 문제가 없어야 한다'는 조건을 충족시키는 한도 내에서 최대한 단가를 낮춘다. 이때 만약 단가를 10퍼센트 낮추면 재질이 10퍼센트 내려간다는 것을 의미한다.

그다음으로 양은 중량을 뜻하는데 이는 저울에 달아보아야 알 수 있다. 중량은 종이컵의 크기에 따라 달라진다. 그러므로 어떤 용도로 쓸 것인지, 용량은 어느 정도로 할 것인지를 기준으로 얼마나 줄일 수 있는지 분석한다. 만약 크기를 3분의 1로 줄이면 체적 개념으로 중량이 50퍼센트 줄어든다.

결국 단가를 10퍼센트, 중량을 50퍼센트 깎은 셈이므로 모두 55퍼센트를 낮출 수 있다. 겉모양은 똑같은 상태에서 종이의 질을 약간 낮추고 크기를 줄여 단가를 낮추었다. 같은 맥락에서 원가만 놓고 보면 무늬 없는 컵이 도안이 들어간 컵보다 값이 싸다. 어떤 물건이든 부가되는 것이 늘어날수록 단가도 높아진다.

이제 구매자의 입장에서 단가를 연구해보자. 단가가 똑같을지라도 물건을 한 개 구입하는 것과 두 개 구입하는 것은 차이가 있다. 다시 말해 소량으로 구입할 때와 대량으로 구입할 때 단가가 달라진다. 또한 똑같은 재료로 만든 것일지라도 A사와 B사의 견적이 다를 수 있다. 그뿐 아니라 단가는 대체재질에 따라서도 달라진다. 컵의 경우, 종이컵 대신 플라스틱 컵을 고려해볼 수 있다. 이처럼 단가를 움직이는 인자는 제품에 따라 수십 가지에 이르기도 한다. 그것이 조합되어 현재의 단가를 구성한다.

단가를 연구하기 위해 대체재질, 물량효과, 규격, 허용범위, 등급, 구입처 검토 등의 단가 인자를 들여다보고 있으면 한없이 빠져들게 된다. 어떤 분야라도 깊이 들어가 분석할 수 있다. 이러한 분석은 모든 문제를 해결하는 수단이다. 그러므로 대충 쓱 보고 말 것이 아니라 어느 하나를 선택해 깊이 들어가야 한다.

선택의 폭이 너무 넓어서 분석할 시간이 없다고 느낄 수도 있다. 실제로 폭이 넓을 때는 어느 것 하나에 깊이 들어가 제대로 분석하기가 어렵다. 그렇기 때문에 버리는 작업이 필요하다. 마음을 정리해서 꼭 집중해야 하는 하나에 올인하고 그 나머지는 버려라. 오직 하나를 선택해 'five-Why'를 통해 깊이 들어가, 파고 또 파서 루트 코스까지 가야 한다.

일단 루트 코스를 알아내고 그것을 분석해 활용하면 이를 중심으로 선순환이 일어난다. '내가 선택한 것의 루트 코스는 무엇인가? 내가 선택한 것의 맥은 무엇인가? 무엇을 하면 좋아질까?' 등등 끊임없이 묻고 답을 찾아 나가라. 분명 생각하고 분석한 만큼의 결과를 얻을 수 있다.

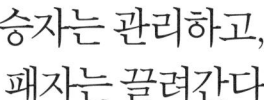

승자는 관리하고,
패자는 끌려간다

어떤 사람은 별로 하는 것이 없어 보이는데도 성과가 좋고, 또 어떤 사람은 늘 분주하게 움직이는데도 별다른 성과가 없다. 왜 이런 차이가 발생하는 걸까? 이는 시간 관리와 우선순위 문제다.

시간을 의식하면 주어진 시간조차 제대로 활용하지 못한다. 시간에 쫓긴다는 의식을 떨쳐버리려면 무엇보다 일에 우선순위를 매겨야 한다. 우리가 하루 동안 해야 할 수많은 일 중에서 정말로 중요한 것은 20퍼센트에 지나지 않는다. 일의 중요도에 따라 순서를 정해 놓고 그것을 지켜 일을 처리하면 시간이 낭비되는 것을 막을 수 있다.

여기에 더해 리듬을 타면 일의 성과가 극대화되므로 일을 동시에 처리하는 요령을 터득하는 것이 좋다. 같은 작업을 반복하면 그 일에 익숙해져 가속도가 붙게 된다. 이것은 시간을 두 배로 활용하는 지혜다. 간단히 예를 들면 운동을 하면서 외국어 공부를 하는 것이 있다. 또 다른 예로 어느 건설회사는 아파트를 지을 때 엄마가 부엌에서 일을 하며 아이들을 곁에 두고 관리할 수 있도록 공간을 설계해 대박을 터뜨렸다. 같은 시간에 몇 가지를 동시에 처리하는 지혜는 시간의 효율성을 극대화하는 일이자 최선의 시간 관리다.

어떤 사람은 아침부터 저녁까지 바쁘게 오가며 정신없이 뛰어다닌다. 전화도 많이 걸려오고 여기저기 불려 다니기 바쁘다. 하지만 정작 무언가 이뤄놓은 게 없다면 시간만 축낸 꼴이다. 심지어 어떤 사람은 물건을 납품할 때 납품 순서가 바뀔까봐 보초를 서기도 한다. 물론 그 사람이 보초를 서든 말든 생산량이나 진도에는 변화가 없다. 단지 그 사람은 노파심에 엉뚱한 것에서 시간을 낭비할 뿐이다.

징글맞다는 말이 절로 나올 정도로 끊임없이 이어지는 회의 역시 시간을 잡아먹는 일등공신이다. 어떤 경우에는 회의실에 불려가 앉아 있긴 하는데 회의 내용이나 진행에 별다른 영향을 미치지 않는 사람도 있다. 그저 회의실에서 거수기 노릇을 하거나 허수아비처럼 자리만 지키고 있을 뿐이다. 나의 경우도 컨설턴트로서 어느 정도 경력이 쌓였을 때 들어간 회의 시간이 하루의 절반을 차지한 적도 있다.

하루를 돌아보면 미팅, 회의, 통화, 잡담 등 성과와 전혀 상관없는 일에 보낸 시간이 상당히 많다. 겉보기에는 그럴싸하지만 실속이 없다. 그러니 하루를 바쁘게 보낸 것 같은데도 업무일지를 쓰려고 하면 도무지 쓸 게 없는 것이 당연하다.

여러분은 시간을 어떻게 관리하고 있는가? 대우정밀에 근무하던 당시, 나는 보통 업무 현황을 파악하는 데 하루의 30~40퍼센트를 썼다. 10~20퍼센트는 현황 설명을 위한 보고서를 쓰는 데 사용했다. 그리고 이런 일을 제외한 잡무에 매달려야 하는 시간도 꽤 많았다. 그러다 보니 엔지니어로서 내가 마땅히 해야 할 디자인 리뷰, 설계 검토, 기능 검토를 하는 시간은 채 5퍼센트도 되지 않았다. 왜 이런 불균형이 나타난 것일까?

이것은 선택과 집중을 제대로 해내지 못한 어리석은 행동이다. 나아가 마음자세와 우선순위가 부실한 탓이다. 일의 우선순위를 고려하지 않은 채 남과 연관된 것을 먼저 처리하고 나 혼자 해도 되는 것은 뒤로 미루는 고약한 습관이 발동한 탓도 있다.

보통 업무 현황 파악이나 보고서 작성은 남에게 독촉을 받기 때문에 서둘게 되지만, 나 혼자 처리해도 되는 일은 '업무시간에 끝내지 못하면 남아서 하면 되지 뭐' 하는 생각에 뒤로 미루게 된다. 남의 눈을 먼저 인식하다 보니 정작 내가 해야 할 일은 뒤로 밀려버리고 마는 셈이다. 심지어 이것이 어리석은 행동이라는 것을 아는 사람조차 의외로 이렇게 행동하는 경우가 많다.

이런 상태로 해를 거듭하면 경력은 별다른 의미를 갖지 못한다. 경력이 3년 되었다고 해서 실력이 세 배로 늘어나는 것은 아니다. 극단적인 경우 1년짜리 경력이 세 번 반복될 수도 있다. 경력은 축적되어야 하고 1년보다 2년째, 2년보다 3년째가 더욱 좋아져야 한다. 그러기 위해서는 선택과 집중으로 깊이 들어가 진짜 원인을 찾아내는 것이 중요하다. 그 원인이 바로 여러분이 제일 먼저 해결해야 할 우선순위가 된다. 이것이 일을 지혜롭게 처리해나가는 방식이다.

여러분의 루트 코스를 찾아 거기에 집중하라. 그 루트 코스 외에는 어느 것에도 관심을 기울이지 않아야 한다. 루트 코스에 완전하게 집중해야 문제를 해결할 수 있기 때문이다. 우선순위를 정하지 않고 손에 잡히는 대로 아무것이나 열심히 하는 자세로는 그 무엇도 이룰 수 없다. 그저 겉보기에만 바쁠 뿐이다. 일은 끝없이 밀려드는 속성이 있기 때문에 이런 식으로 일하면 수고로움은 있되 성과와 보람은 없다. 열심히 했는데 내가 뭘 했는지 모르겠다는 식으로는 꼭 해야 할 일도 제대로 해내기 어렵다.

우리의 능력은 유한하므로 전략적 사고를 할 필요가 있다. 우선순위에 따라 해야 할 일을 정한 뒤에 최우선적인 선택에 집중해 깊이 있게 들어가야 한다. 선택한 하나에 집중해서 철저하게 해치워야 한다. 그리고 '우선'을 정하는 데 있어 기준을 무엇으로 하느냐에 따라 결과가 다르게 나타날 수 있음을 인지하고 있어야 한다.

예를 들어 고객 만족을 최우선으로 여기는 택시회사가 있다고 하자. 이 회사는 최우선순위를 고객에 두고 택시기사들을 상대로 고객에게 인사를 잘하라는 교육을 시켰다고 해보자. 자신의 서비스를 이용해주는 고객에게 인사를 잘하는 것은 당연한 일이다. 그런데 고객이 택시를 타자마자 뭐가 그리 바쁜지 가방을 뒤지면서 열심히 뭔가를 찾았다고 해보자. 물론 택시기사는 착실하게 인사를 했다. 이 경우 택시기사는 인사를 했지만 고객은 한눈을 팔고 있던 탓에 택시기사가 자신에게 인사를 했는지 알지 못한다. 택시를 타는 순간, 고객에게 전화가 걸려와 택시기사가 인사를 했음에도 고객이 인식하지 못할 수도 있다.

이처럼 고객이 인식하지 못할 경우, 이것은 인사를 한 것일까, 안 한 것일까? 택시기사는 당연히 인사를 한 것이라고 생각한다. 그렇다면 고객의 경우도 마찬가지일까? 100퍼센트 장담하기 어렵다. 아니, 어쩌면 부정적으로 대답하는 고객이 더 많을지도 모른다. 그렇기 때문에 고객의 입장에서 생각하는 것은 매우 중요한 일이다.

친절의 대명사로 불리는 일본의 MK택시는 고객의 입장에서 인사를 잘하게 되기까지 꼬박 만 10년이 걸렸다고 한다. 사실 그들이 잘한 것은 인사밖에 없다. 그런데도 그들이 친절의 대명사로 불릴 만큼 유명해진 이유는 그 인사가 고객을 최우선순위로 둔, 고객의 입장을 헤아려서 한 것이기 때문이다.

물건을 쏟아내는 공장에 가보면 어느 곳이든 사람들이 분주히 움직이며 일하고 있다. 그들은 과연 고객의 입장에서 중요한 일을 하고 있는 것일까, 고객의 입장에서 가치 있는 일을 하고 있을까? 물론 그들은 모두 자신이 중요한 일을 하고 있다고 말한다. 정말로 그들은 고객의 입장에서 의미 있는 일을 하고 있는 것일까, 고객이 그들에게 돈을 지불할 만한 가치가 있을까?

사실 일을 하다 보면 버리고 바꾸고 개선하는 과정이 수없이 발생한다. 기업의 입장에서 이 모든 과정은 상당히 의미가 있고 중요하다. 그렇다면 고객의 입장에서는 어떨까? 기업이 하는 일이 모두 고객의 입장에서도 가치 있고 의미가 있을까? 결코 그렇지 않다. 이것이 바로 핵심이다. 고객의 시각으로 상황을 바라보면 분명 개선 대상을 찾아낼 수 있다. 만약 고객의 관점에서 버리고 바꿀 대상을 찾아낸다면 그것을 다시 검토해야 한다.

간혹 중요한 하나를 선택하는 것만 해도 상당한 시간이 걸린다고 불평하는 사람이 있다. 그렇다면 더욱더 관점을 바꿔야 한다. 고객이나 타인의 관점에서 내 가치를 재평가한 다음, 가치 없는 것을 모두 제거하면 일은 간단해진다. 끌어 모으는 것보다 제거하는 데 집중하라는 얘기다. 단순하게 만들어 우선순위로 정해진 하나에 집중하면 일은 의외로 쉽게 풀려간다.

노력을 이기는 것은 없다

꿈을 이룬 세계 최고의 전문가 중에서 하나에 집중하지 않고 성공한 사람이 과연 있을까? 농구 하면 마이클 조던을 떠올릴 만큼 농구의 새로운 역사를 쓴 그도 처음부터 농구를 잘했던 것은 아니었다. 심지어 그가 중학교 시절에 선택한 종목은 야구였다. 하지만 그는 감독으로부터 충격적인 말을 듣고 야구를 그만둘 수밖에 없었다.

"넌 야구에 소질이 없구나. 차라리 다른 것을 알아보는 것이 나을 것 같다."

고민 끝에 그가 선택한 것이 농구였다. 그러나 고등학교 1학년 때 그를 테스트한 농구코치 역시 야구감독과 비슷한 말을 했다.

"실력이 형편없구나."

하지만 조던은 포기하지 않았다. 실력이 없다면 실력을 키우면 될 것이 아닌가. 조던은 농구선수 후보에조차 올라가지 못했지만 계속 연습장을 찾아갔고 어느 누구의 관심도 받지 못한 채 곁눈질로 배우고 또 배웠다. 그가 열심히 애쓰는 모습이 안쓰러웠던지 고교 2학년이 되자 코치는 그를 후보 선수에 올려주었다. 그것을 기회로 삼아 잘하는 모습을 보였다면 계속 승승장구했겠지만 상황은 그렇지 못했다. 그래도 그는 연습을 게을리하지 않았다. 그는 연습벌레라는 말을 들을 정도로 노력했고 덕분에 졸업할 무렵에는 학교 농구팀에서 최고의 기량을 보이게 되었다.

결국 그는 농구선수로 대학에 입학했지만 그리 유명하지 않은 고등학교 출신이었던 탓에 서열, 실력, 기량 면에서 결코 최고로 인정받지 못했다. 오히려 바닥 수준에 가까웠다고 볼 수 있다. 턱걸이로 대학에 입학한 것이나 다름없었지만 그는 또다시 연습에 매달렸다. 그는 농구에 미쳤다는 말을 들을 정도로 농구에 몰입했고 서서히 기량이 향상되면서 대학 4학년이 되었을 때는 학교를 대표하는 선수로 거듭나게 되었다.

그 무렵 올림픽이 열렸는데 조던은 국가대표 선수단에 합류하는 행운을 얻게 되었다. 학교에서는 최고였지만 전국을 뒤져 스타 중의 스타를 뽑아냈던 터라 조던은 간신히 커트라인을 통과해 국가대표가 되었다. 일단 선수단이 구성되자 일주일에 한 번씩 골 적중률, 슈팅률, 높이뛰기 등 기본적인 테스트를 실시했는데 처음에 조던은 전체 선수 중에서 꼴찌를 면하지 못했다. 그러나 시간이 흐르면서 그는 평가를 받을 때마다 계속 실력이 향상되었다. 마치 조던의 사전에는 유턴이나 후진이 없는 것 같았다.

올림픽이 진행되면서 미국은 농구강국답게 결승전까지 진출하게 되었는데, 이때 조던은 전체 농구선수 중에서 넘버원을 차지했다. 미국에게 금메달의 영광을 안겨준 베스트파이브 멤버 중에서도 최고의 자리에 올라서게 되었다. 이후 대학을 졸업한 조던은 프로농구단에 들어갔고 첫해에 신인상을 받는 동시에 최고의 선수로 주목을 받았다. 그때 기자들이 대거 몰려와 인터뷰를 요청했다.

"이 영광을 누구에게 돌리고 싶습니까?"

물끄러미 기자단을 바라보던 조던이 한마디 툭 던졌다.

"아참, 생각나는 게 있어요. 대학코치 좀 만나보고 싶습니다."

기자들은 자신의 영광과 감격을 코치에게 돌리려나 보다 하고 생각했다. 조던이 코치를 만나기 위해 일어서자 기자단은 우르르 그를 따라나섰다.

"저, 코치님과 조용히 할 말이 있습니다. 자리 좀 비켜주십시오."

두 사람은 한쪽에 따로 서서 한참 동안 이야기를 나눴다. 그러더니 조던은 할 말을 다했다며 기자단에게 별다른 말을 남기지 않고 그대로 떠나버렸다. 할 수 없이 기자단은 코치에게 몰려들었다.

"뭐라고 영광을 돌리던가요?"

"별 말이 없었습니다. 지금보다 실력이 더 좋아지려면 어떻게 해야 하는지 묻더군요. 제가 아무 말도 하지 않자 곰곰이 생각하던 그는 '연습하는 것 외에는 방법이 없겠지요' 하더니 연습하러 가겠다고 하면서 나갔을 뿐입니다."

조던의 농구 역사는 그냥 만들어진 것이 아니다. 그는 농구선수로서 최고의 경지에 이르렀으면서도 결코 연습을 게을리하지 않았다. 아니, 오히려 최상의 자리에 있을 때 엄청나게 연습에 몰두했다. 그는 연습 외에는 아무것도 하지 않았다. 연습에 연습을 거듭한 결과, 기적 같은 일이 일어나기도 했다.

1997년, 그해의 챔피언을 결정하는 가장 중요한 경기에 출전하던 날, 공교롭게도 조던이 갑자기 고열과 복통을 호소했다. 하필이면 그 중요한 순간에 주전선수에게 심각한 문제가 발생하다니……. 숙소에서 복통으로 뒹구는 조던 때문에 감독과 선수들은 모두 어찌해야 좋을지 몰라 허둥댔다. 한동안 생각에 잠겨 있던 감독이 마침내 결단을 내렸다.

"안타깝게도 조던의 상태가 많이 나쁜 것 같다. 조던을 빼고 우리끼리 해야겠다."

그가 선수들을 이끌고 떠날 준비를 하자 조던이 큰 소리로 물었다.

"감독님, 몇 시에 출발합니까?"

감독은 설사 조던이 경기를 할 수 없을지라도 데려가서 구경이라도 하게 하는 편이 낫겠다고 판단해 그를 버스에 태웠다. 그런데 버스가 움직이자 그 흔들림으로 인해 통증이 더 심해졌는지 조던은 아예 비명을 지르기 시작했다. 괜한 욕심을 부렸나 보다 하고 모두들 후회했지만 게임 시간 때문에 버스를 되돌릴 수도 없는 상황이었다.

조던은 배를 움켜쥐고 경기장 벤치에 앉았다. 그러다가 무슨 생각을 했는지 한창 출전 선수를 꼽고 있던 감독에게 다가갔다.

"저를 첫 번째로 뛰게 해주십시오."

감독은 속으로 계산기를 두드렸다.

'조던은 인기 있는 스타라 관중의 기대감이 높고 누구나 그를 보고 싶어한다. 하지만 이번 게임은 정말로 중요하기 때문에 결정적인 순간에 실수를 하면 절대 안 된다. 만약 조던이 그런 실수를 한다면……. 음, 팬 서비스 차원에서 1분만 뛰게 하자. 그다음부터 본격적인 게임을 하도록 하자. 이것이 돈을 내고 선수들을 보러 온 관중에게 보답하는 동시에 승리를 챙기는 방법이다.'

그렇게 해서 조던은 경기장에 들어갔다. 그런데 게임이 시작되자마자 조던은 정신없이 뛰기 시작했고 볼을 잡았다 하면 나비처럼 가뿐히 날아서 점수를 냈다. 펄펄 나는 조던을 본 감독은 차마 휘슬을 불 수 없었다. 조금 전까지만 해도 복통을 호소하며 잔뜩 인상을 구기고 있던 조던이 어찌된 일인지 평소보다 골을 더 잘 넣고 있으니 빼낼 이유가 없었다.

감독은 물론 함께 뛰는 선수들도 기가 막힐 노릇이었다. 그렇게 전반전이 끝나자 감독은 조던을 쉬게 할 생각으로 누구로 교체할지 고심하고 있었다. 그런데 마음을 정하고 코트를 바라보던 감독은 조던의 행동에 어찌할 바를 몰랐다. 조던이 중앙에 턱 버티고 서서

아예 코트 밖으로 나오지 않는 탓에 감독은 별 수 없이 네 명만 코트에 들여보냈다.

감독은 조던이 조금이라도 이상한 징후를 보이면 곧바로 뺄 궁리를 하고 있었다. 하지만 조던은 전반전보다 후반전에 더 잘 뛰었다. 혼자서 38점을 넣은 조던 덕분에 시카고 불스 팀은 우승컵을 차지했다. 그러나 승리의 감격을 만끽해야 할 감독과 선수들은 도무지 이해되지 않는 상황에 어리둥절해 할 뿐이었다. 그렇게 아프다고 뒹굴던 조던이 평소보다 더 멋진 경기를 펼치며 경기장을 펄펄 날아다녔으니 오죽했겠는가. 동료 선수가 조던에게 의아한 표정으로 물었다.

"조던, 어떻게 된 거야?"

"글쎄. 공을 보니 아픈 것도 생각나지 않고 공만 보면 나도 모르게 달려들게 되고, 공을 붙잡으면 골인할 때까지 반사적으로 움직이게 되더라구. 왜 그런지 나도 잘 모르겠어."

대체 얼마나 연습했기에 공만 보면 달려들게 되고 골인할 때까지 반사적으로 움직이게 되는 걸까? 그야말로 상상하기 힘든 수준이지만 조던은 그러한 경지에 이를 때까지 연습을 했던 것이다. 조던이 세계 최고의 농구선수가 될 수 있었던 것은 몸이 아픈 것도 잊을 만큼 반사적으로 움직이게 만든 엄청난 양의 연습에 있다. 그는 농구 외에는 아무것도 하지 않았다. 자신을 향상시키는 연습에 전심전력했고 거기에 모든 것을 걸었다.

어떤 분야든 마찬가지다. 어떤 분야에서 잘하고 싶은가? 가장 좋아하는 분야는 무엇인가? 선택은 개개인의 몫이다. 하지만 일단 선택을 했다면 거기에 모든 것을 걸어야 한다. 열심히 노력하는 사람을 당할 자는 없다. 시간이 흐르면서 계속 신기록이 수립되는 이유가 바로 여기에 있다. 하나를 선택해 깊이 있게 집중하는 사람이 새로운 역사를 쓰는 법이다.

위대한 잠재력을 지닌 나라, 한국

한 인류학자가 어느 민족이 가장 우수한가를 분석하면서 '뇌의 용량과 무게가 가장 많이 나가는 민족이 가장 영리하고 우수한 민족'이라는 가설을 세웠다. 그는 이러한 가설을 뒷받침하기 위해 각 민족의 표준 체형과 다양한 데이터를 입수해 뇌의 무게를 추정, 분석했다. 벌써 눈치챘을지도 모르지만 뇌가 가장 크고 무거운 민족은 바로 한민족이었다.

한국인의 두뇌가 우수하다는 것은 여러 가지 경로와 연구 결과를 통해 명확하게 밝혀진 사실이지만 그래도 비즈니스 현장에서 그런 증거를 목격할 때마다 새삼스러워진다. 이것은 가슴 뿌듯한 일이긴 해도 워낙 잘난 사람이 많다 보니 가끔은 '사공이 많으면 배가 산으로 올라간다'는 속담처럼 일이 전혀 예상치 못했던 방향으로 흘러

가기도 한다. 때론 상대방에 대한 배려와 존경심이 부족하다는 생각도 든다. 물론 이러한 문제를 보완하는 것은 우리 모두에게 주어진 과제다.

지금은 한국이나 중국에게 밀려 고전하고 있지만 일본은 한때 제조업 강국으로 군림했다. 당시 일본의 물건 만드는 실력이 궁금했던 나는 단기 과정의 연수 프로그램에 자주 참가했다. 나는 한국에서 연수생들이 찾아와 연수를 받으면 일본의 공장들은 여러 가지 면에서 불편할 텐데 왜 계속해서 연수생을 받는지 의아했다.

"한두 번도 아니고 이렇게 계속적으로 연수생을 받는 이유가 뭔가요?"

일본인 관계자의 대답이 걸작이었다.

"한국인이 연수를 하고 나면 연수 마지막 날에 연수 소감을 비롯해 그동안 보고 느낀 것을 바탕으로 개선안을 발표합니다. 그때 정말 신기하고 탁월한 개선안이 쏟아져 나오죠. 다음 연수팀이 오기 전까지 그들이 제안한 개선안을 모두 실천하고 난 뒤, 개선된 현장을 다음 연수팀에게 보여주면 또다시 새로운 개선안이 무수히 쏟아집니다. 그러니 우리가 한국 연수팀을 환영하지 않을 이유가 없요. 한국 사람은 정말 탁월합니다."

이 말을 듣자 비싼 연수비를 지불해가면서 연수를 받는 게 공연히 아깝다는 생각이 들었다. 일본인들은 아이디어를 공짜로 꿀꺽하면서 연수비까지 받아 챙기는 셈이 아닌가. 사실 아이디어는 그것을 끄집어내는 것보다 활용하는 것이 더 중요한데 그럴 만한 토대가 부족한 우리의 현실이 매우 안타까웠다.

남의 아이디어로 대박을 터트린 대표적인 인물은 바로 마이크로소프트의 빌 게이츠다. 그는 리눅스를 만든 리누스 토발즈나 오픈 소스 운동을 주도한 리처드 스톨만처럼 진정한 프로그래머로 활동한 적이 없다. 단지 다른 사람의 프로그램을 베끼거나 사들여 베이직(BASIC) 혹은 MS-DOS를 만든 다음 열심히 비즈니스를 했을 뿐이다. 한마디로 그는 모두가 소프트웨어를 사고팔 수 있는 물건이 아니라 공공재산으로 인식하는 상황에서 그 수학적 논리 체계를 상품화한 인물이다.

한번은 장기간의 연수 프로그램이 끝나고 나서 일본 기업의 관리자들과 저녁식사를 하게 되었다. 식사를 마치고 가볍게 담소를 나눌 자리가 마련되자 그들은 나에게 그들 회사에 대한 소감을 말해달라고 부탁했다. 나는 '기술은 빈부격차 없이 공유되어야 한다'는 신념을 피력한 컴퓨터 천재 토발즈처럼 거대한 이상을 품은 것은 아니지만, 그래도 지식은 정체되는 것보다 흘러가야 한다고 생각하는 쪽이다. 그런 내가 허심탄회하게 내 생각을 털어놓는 것은 당연했다.

"현장과 개선은 상당히 잘하고 있지만 고수익을 위한 전략적 사고가 부족한 것 같네요. 그리고 글로벌 마인드도 약해 보입니다."

그들은 정중한 자세로 내 의견을 경청한 다음 이렇게 말했다.

"언제라도 지도받을 용의가 있습니다. 모든 비용은 저희가 부담

할 테니 언제든 일본으로 오셔서 조언과 충고를 부탁드립니다."

한국인의 잠재력은 무궁무진하다. 전 세계에 두루 퍼져 두각을 나타내고 있는 대표적인 민족은 한국인, 유태인, 중국인인데 인구 구성 비율이나 국토의 면적을 고려해 상대적으로 비교하면 단연 한국인이 앞서간다. 이러한 네트워크는 이미 다양한 방면에서 상당한 힘을 발휘하고 있으며 미래에는 더 큰 힘으로 작용할 것으로 보인다. 한민족이 그 특유의 우수성을 바탕으로 세계사 속에 커다란 족적을 남기게 될 것이라는 얘기다.

현재 세계에서 가장 영향력이 큰 나라는 미국과 중국이다. 그리고 그 두 나라와 밀접한 관계를 맺고 있는 나라가 바로 한국이다. 이를 부정적으로 보면 강대국 사이에 낀 샌드위치 신세라고 말할 수도 있겠지만 생각을 조금 비틀면 얘기는 달라진다. 세계에서 가장 큰 나라 사이에 끼어 있는 탓에 늘 생존방법을 찾아 노력할 수밖에 없다는 것은 그 자체만으로도 단련의 기회가 된다.

더불어 늘 생각하고 고민하면서 보다 좋은 방법, 더 나은 기술을 갈고 닦으며 스스로를 업그레이드해야 하는 것은 분명 불리한 점이 아니라 이점이다. 지금은 끊임없이 사고하고 움직이는 사람, 기업, 국가만 살아남을 수 있는 세상이기 때문이다.

실컷 겨울잠을 자고 일어난 개구리 세 마리가 먹잇감을 찾아 폴짝거리다가 우유통 속에 빠지고 말았다. 물론 개구리들은 그 깊이를 가늠하기 어려웠고 우유통 속에는 붙잡고 뛰어오를 만한 것은커녕 먼지 한 점 없었다.

그때 첫 번째 개구리는 "이제 우리 힘으로는 아무것도 할 수가 없어. 모든 것을 포기하고 하늘의 뜻에 따르는 것이 좋겠다"라고 말하고는 꼼짝도 하지 않고 우유 위에 둥둥 떠 있다가 그만 죽고 말았다. 하나님을 원망하던 두 번째 개구리는 살기 위해 우유통 벽을 계속 기어올라가며 발버둥을 치다가 "이 통에서 빠져나갈 방법은 없다. 우유가 너무 많아서 어떻게 해볼 도리가 없다"라고 절망하다가 지쳐서 죽고 말았다. 세 번째 개구리는 비관도 낙관도 하지 않고 열심히 주어진 현실을 분석했다.

"난감하군. 어떻게 해야 할까? 힘을 보태줄 것이 아무것도 없는 상황이니 내 스스로 최선을 다하는 수밖에 없겠군. 두 다리의 힘이 완전히 소진될 때까지 최선을 다해 움직여보자."

세 번째 개구리는 코를 우유 위로 내밀고 열심히 헤엄쳤다. 그야말로 기진맥진해질 때까지 죽어라고 헤엄을 치는 동안 갑자기 발이 뭔가에 닿는 듯한 느낌이 들었다. 개구리가 열심히 다리를 휘젓은 덕분에 우유가 버터로 변한 것이다. 물론 세 번째 개구리는 그것을 딛고 우유통을 무사히 빠져나올 수 있었다.

내게 유일하게 남아 있는 것이 스스로 열심히 하는 것밖에 없다면 최선을 다해 노력해야 한다. 장담하건대 그러한 노력은 분명 전화위복의 기회로 이어진다.

최근 40년간 대한민국이 이룬 경제성장 사례는 경제 개발도상국과 후진국에게 교과서 같은 교훈으로 회자되고 있다. 언젠가 베트남에 가서 비즈니스를 협의한 적이 있는데 우리에게 매우 호의적이던 베트남 사람들의 모습이 강한 인상으로 남아 있다. 당시 한국을 배우고자 했던 그들의 강한 열망이 한국인에 대한 호의로 표출된 듯하다. 이집트 역시 한국을 방문해 한 수 배우고자 하는 열의가 무척 강하다. 지금도 가끔 이집트를 방문하는 나는 그들의 간절함과 열정을 몸으로 느끼며 우리 민족을 다시 바라보는 계기로 삼곤 한다. 좀 더 나아가 대한민국이 좌우에 중국과 미국을 거느리고 전 세계에 선한 영향력을 미치는 미래를 기대한다.

실제로 골드만삭스는 2007년 〈최신세계경제전망보고서〉에서 2050년이면 한국이 미국에 이어 세계 2위의 부국으로 올라선다는 전망을 내놨다. 골드만삭스는 세계 최고 수준의 수익성과 130년의 역사를 자랑하는 대형 글로벌 투자은행이다. 그들은 2050년이면 한국의 1인당 GDP가 8만 1000달러를 기록하면서 일본과 독일을 따돌리고 세계 2위를 차지할 거라고 내다보았다.

물론 가만히 앉아 있는데 그런 상황이 저절로 굴러들어오는 것은 아니다. 세 번째 개구리처럼 주어진 상황이 어찌 되었건 열심히 움직여 스스로 토대를 닦아야 한다. 10년 전만 해도 중국은 자기 나라의 경제발전을 위해 한국에 도움을 청했고 한국 기업이 중국에 진출하면 대단한 특혜를 주었다. 하지만 이제 중국은 세계 경제를 주름잡는 위치로 올라섰고 일부에서는 '한국이 중국의 경제발전에 과연 도움이 되는 존재인가'라는 의문의 목소리까지 내고 있다.

역사는 그냥 흘러가는 것이 아니라 만들어지는 것이다. 우리의 미래는 우리가 현재 어떤 자세로 살아가느냐에 달려 있다. 자신감을 갖고 세계 속에 기여하는 한민족이 되겠다는 결심으로 세상을 향해 과감하게 도전한다면 2050년에는 분명 우리가 세계사에 우뚝 서리라고 본다.

남들이 원하는 것이 아닌
내가 원하는 것

모든 것을 잘하려는 것은 욕심이다. 이것은 절대 현실적이지 않다. 우선 자기 자신을 확실하게 파악한 후 신중하게 하나를 선택해 깊이 생각해야 한다. 루트 코스를 잡은 다음 그것에 모든 것을 걸라는 말이다. 이때 열린 자세로 나보다 남의 평가를 겸허하게 받아들여야 한다.

자기 자신의 모든 것을 평가해보라. 파레토그래프(원인별 막대그래프. 프로세스 상의 문제 원인을 쉽게 표현할 수 있다. 80대 20의 법칙으로 알려진 파레토 법칙에서 따온 개념으로 80퍼센트의 결과를 가져오는 20퍼센트의 원인 요소를 찾을 때까지 여러 항목을 대입한다)를 그리는 것도 한 방법이다. 집중하기만 하면 정말 잘할 수 있는 것을 발견해낼 수 있다. 나도 알고 남도 아는 A급을 찾아내야 한다.

1999년에 나는 《원가 에너지 절감 매뉴얼》이라는 책을 펴냈다. 시간과 노력을 투자해 나름대로 공을 들이긴 했지만 수학적 공식이 너무 많고 두꺼워서 그런지 판매는 부진했다. 그 경험으로부터 책을 대중화하려면 읽기 쉽게 써야 한다는 것을 깨달았고, 그러한 인식을 토대로 다시 펴낸 것이 《실전, 원가 반으로 줄이는 법》이다. 이 책에는 숫자나 공식보다 이야기와 사례가 많이 등장하고 있는데 덕분에 책이 잘 팔리고 있다.

나는 가까운 미래인 2012년에 영어로 저술한 책을 내고 싶다. 그리고 2020년에는 전 세계 사람들을 위해 기막히게 유익한 책을 내겠다는 꿈을 키우고 있다. 1992년 1월에 시작해 컨설턴트의 길을 20년 가까이 걷고 보니, 앞으로 50년 이상 이 일에 전심전력하면 과연 어떤 결과가 나올지 몹시 궁금하다.

여러분의 생각은 무엇인가? 어떤 삶에 도전하고 싶은가? 무엇을 이루고 싶은가? 이루고자 하는 꿈과 비전을 위해 무엇을 하고 있는가? 한 가지 분명한 것은 선택과 집중을 통해 열심히 연습하면 무엇이든 이룰 수 있다는 사실이다.

무언가를 바라볼 때는 항상 내 생각에 매몰되지 말고 열린 자세로 객관적인 시선을 유지해야 한다. 성공한다는 것, 패러다임을 바꾼다는 것은 객관성 있게 검증될 때 비로소 의미가 있다. 현재의 모든 것은 시간의 흐름과 함께 구식이 되어버린다. 계속해서 새로운 물결이 넘어오기 때문이다. 이를 기술적으로 뉴패러다임이라고 한다.

미래는 뉴패러다임에 부합해야 한다. 과거의 생각과 방식, 성공 사례는 이미 지나가 버린 것으로 미래에는 맞지 않지는다. 미래는 새로운 프레임에 따라 만들어나가야 한다. 그렇다면 미래는 어떻게 준비해야 할까? 새로운 프레임을 만들 때는 뉴패러다임에 초점을 맞춰야 한다. 새로운 시각으로 뉴패러다임이 내는 목소리에 귀를 기울여야 한다. 새로운 관점에서 자신을 재설계하지 않고 과거에 매몰돼 아집, 교만에 매달리면 미래는 없다.

특히 과거에 얽매이면 과거의 성공 체험조차 미래의 실패 조건이 될 수 있다. 성공이 오히려 미래의 성공에 걸림돌로 작용한다는 말이다. 일단 자신이 기대했던 것을 이룬 순간, 즉 한 단계 업그레이드한 순간 자신도 모르게 마음속에 자신감과 동시에 자만심이 찾아든다. 이때 대개는 남의 말을 듣지 않게 된다. 누군가가 좋은 조언을 해도 그것을 뭉개버리고 자기 의견을 고집한다.

"그렇지 않아. 이런 식으로 하면 돼!"

여기서 '이런 식'이란 과거에 성공했던 방식을 말한다. 이것은 결코 뉴패러다임에 부합하지 않는다. 과거에 '이런 식'으로 성공했던 이유는 그 방식이 과거에 부합했기 때문이다. 새로운 시대에는 새로운 방식에 맞춰야 한다.

세상의 어떤 것도 변화 없이 만들어진 것은 없다. 장작이 자신의 몸을 태우며 변화하지 않으면 물을 데울 수 없다. 식물이 변화하지 않으면 우리는 영양을 섭취할 수 없다. 세상에 변하지 않는 것은

'모든 것은 변화한다'는 사실 그 자체뿐이다.

세상의 모든 것은 변한다. 이는 성공도 마찬가지다. 성공은 완성이 아니라 하나의 과정이며 시간의 흐름에 따라 그 개념이나 방식, 결과에 대한 평가가 바뀌게 된다. 이것은 역사가 증명하지 않는가. 당대에 인정받지 못하던 예술가나 지식인이 후대나 수백 년이 흐른 뒤에 대접을 받게 된 사례는 어렵지 않게 찾아볼 수 있다.

무엇보다 중요한 것은 새로운 시대의 관점에서 내가 해야 할 일을 선택하고 거기에 집중하는 일이다. 이때 비교 평가는 절대 금물이다. 사람마다 지문이 다른 것과 마찬가지로 성격과 개성, 장단점 또한 모두 다르다. 그러므로 남이 아니라 자기 자신을 봐야 한다. 나는 무엇을 선택하고 어디에 집중해야 하는가? 나와 주변 환경을 잘 관찰하면 이 의문에 대한 해답을 구할 수 있다.

일반적인 것은 나에게 그다지 의미가 없다. 중요한 것은 바로 내가 원하는 것, 내가 얻고자 하는 것, 내가 기대하는 것이다. 그러므로 나를 중심으로 해서 내가 원하는 것이 무엇인지에 집중해야 한다. 스스로 자신에게 맞는 것, 원하는 것을 주도적으로 선택해야 인생의 궁극적 목적인 행복에 도달할 수 있다.

행복에 대한 록펠러의 말을 떠올려보자.

"행복으로 가는 길은 단순한 두 가지 원리에 있다. 우선 자신에게 흥미를 불러일으키는 것, 자신이 잘 해낼 수 있는 것이 무엇인지 알아낸다. 일단 그것이 무엇인지 알았으면 모든 정신, 에너지, 야망,

타고난 능력을 거기에 쏟아붓는다."

만약 선택과 집중에서 맥을 잘못 짚었을 경우 어떻게 해야 할까? 그리 걱정할 필요는 없다. 실수나 잘못은 성공과 마찬가지로 하나의 과정일 뿐이다.

언젠가 나는 어느 회사에서 컨설팅을 하다가 이런 경험을 한 적이 있다. 그때 나는 그 회사의 요구대로 생산성을 두 배로 올리는 동시에 원가를 절감하는 개선안을 만들어주었다. 그 개선안대로 시행한 회사는 만족할 만한 성과를 얻었다며 한 번 더 개선안을 부탁했다. 두 번째로 컨설팅을 의뢰받았을 때 나는 원점으로 돌아가 다시 검토했다. 이때 앞의 개선안을 모두 무시하고 새롭게 개선안을 만들었다. 이번에도 뛰어난 성과를 올렸는데, 그러고 보니 문득 이런 생각이 들었다.

'첫 번째 개선안을 시행할 필요 없이 처음부터 두 번째 개선안을 실천했다면 얼마나 좋았을까.'

아쉽게도 처음에 시작할 때는 두 번째 개선안이 떠오르지 않았다. 비록 지나간 뒤에 아쉬움이 남았지만 첫 번째 개선안을 만들 무렵에는 그것이 그때의 최선이었다. 일단 첫 번째 개선안대로 시행해 일정 단계에 이른 다음, 또 다시 개선에 돌입해 더 이룰 것이 없을까를 궁리하다가 보다 좋은 두 번째 개선안이 만들어진 것이다. 다시 말해 첫 번째 개선안을 실천한 덕분에 두 번째 개선안을 끄집어낼 밑거름을 다질 수 있었다.

과거는 현재와 미래의 발판이다. 뒤돌아보면 아쉬움과 후회가 남기도 하지만 그것은 과정으로서 나름대로 의미 있는 일이다. 설사 맥을 잘못 짚었을지라도 노력한 과정만큼은 다음 맥을 잡는 데 분명 도움이 된다.

실수는 누구나 할 수 있다. 중요한 것은 그 실수를 어떻게 받아들이는가에 달려 있다. 실수만큼 좋은 학교는 없다. 성공만 기억하는 사람은 또다시 실수하게 된다. 마음이 해이해지고 방심하기 때문이다. 그렇다고 똑같은 실수를 두 번 되풀이하면 안 된다. 한 번 실수했다고 해서 부끄러워할 필요는 없지만 두 번이나 똑같은 실수를 하면 부끄러워해야 한다. 실수는 과거에 가두고 미래의 공간에는 성공을 불러들여야 한다. 과거의 실수 속에서 새로운 자극을 구해 한 단계 업그레이드해야 한다.

미국의 시인 월트 휘트먼은 이렇게 말했다.

"추위에 떨어본 사람일수록 태양의 따뜻함을 고마워하고, 인생의 고뇌를 겪은 사람일수록 생명의 존귀함을 안다."

고통스럽거나 괴롭다고 애써 잊거나 기억을 떨쳐버리려 하지 말고 커다란 실수 속에서 새로운 자극을 구해야 한다. 실수는 누구나 떠올리기 싫어하는 기억이지만 해내고 말겠다는 승부욕에 불을 붙이는 좋은 자극제가 되기도 한다.

주어진 일이나 과제를 해결해 나갈 때, 그것을 할 것인지 말 것인지 갈등을 일으키면 피로도 빨리 오고 일 자체가 고통스럽게 여겨진다. 하지만 그것을 기꺼이 받아들여 적극적으로 도전하면 그다지 피곤을 느끼지 않고 일을 처리할 수 있다. 충격을 두려워하지 않고 오히려 적극적으로 도전해나가는 것이 일을 즐겁게 해내는 방법이다. 사람들이 충격을 더욱더 고통스럽게 느끼고 더불어 충격에 갈수록 약해지는 이유는 충격을 피하기 위해 애쓰느라 갈등을 일으키기 때문이다. 충격은 도전을 통해 내성을 길러야만 완화시킬 수 있다.

여러분이 이루고자 하는 일의 핵심, 맥을 잡아 선택하고 그 일에 집중하는 것은 분명 중요하다. 하지만 그것이 단번에 이루어지리라 생각하지는 말자. 스스로를 객관적으로 바라보고, 과거의 성공했던 경험들을 과감히 버리고 뉴패러다임을 찾아 나서며, 설령 실수를 하더라도 그 속에서 새로운 자극을 받는 일은 보다 정확한 맥 짚기를 위한 또 다른 시도가 된다. 그 속에서 성공을 불러들일 자극제를, 윤활유를 얻으면 된다.

한 단계 뛰어오를 수 있는 기회를 잡았다면, 맥을 잡아내 우선순위에 따라 그 어떤 일을 선택했다면, 그 뿌리를 잘 파악해 집중해야 한다.

| 제4장 |

혼자가 아니라 함께 가라

리더는
'함께 가자'고 말한다

삼성전자는 50년 전에 어떤 모습이었을까? 30년 전에는? 10년 전에는 또 어땠을까? 분명 지금보다는 한참 미숙하고 규모도 작았을 것이다. 조직이나 사람은 10년, 20년의 세월을 보내는 동안 역사와 전통이 쌓이면서 발전한다.

어떤 일이든 시작은 작지만 탄력을 받으면서 점점 커져간다. 거대한 나무도 작은 묘목으로부터 시작하듯 세계 최고를 향한 도전은 분명 나로부터 시작한다. 따라서 그 시작은 작지만 세월이 지나 때가 되면 큰 조직으로 성장해 많은 사람에게 유익함을 주거나 커다란 영향을 미치게 된다. 특히 CEO나 리더, 세계 최고의 인물로 거듭나려면 어떤 식으로든 타인에게 영향을 끼쳐야 한다. 이러한 영향력에 가장 근접한 단어가 바로 '리더십'이다.

GE의 전 회장 잭 웰치는 이렇게 말했다.

"21세기 글로벌 리더십의 주요 덕목은 에너지, 비전, 타인을 열광하게 하는 열정이다. 그리고 규율과 도덕의 문화는 명확한 기준을 갖고 있는 기업에서 나온다. 이들 기업은 가장 바람직한 세계 기준에 맞춰 비전을 제시해야 한다."

우리는 사회에 첫발을 내디디며 대부분 일반사원에서부터 시작한다. 이 시기에는 조직에 잘 적응할 수 있을지 걱정도 되고 모든 것에 익숙지 않아 은근히 눈총도 받기 때문에 마음이 편치 못하고 늘 긴장한다. 하지만 1년, 2년이 지나면서 일에 익숙해지면 어느덧 실무자의 위치로 올라선다. 이때 일을 잘 하면 승진해서 대리나 과장이 되는 동시에 부하직원이 생긴다.

말단직원일 때는 주로 명령을 받으며 일해 왔지만 승진과 동시에 조직상으로 리더가 되면 때론 자신도 명령을 내리게 된다. 문제는 그렇게 리더가 되었으면서도 마음자세는 팀원이었던 과거와 별반 다르지 않다는 데 있다. 여전히 자신만 바라볼 뿐 함께 일하는 동료에 대해서는 생각하지 않는다.

'자기 일은 각자 알아서 잘 해야지. 나도 예전에 내가 다 알아서 했어.'

리더가 이런 생각을 하면 그 팀은 시너지 효과를 내기 어렵다. 때문에 어떤 사람의 경우 직급이 올라가는 순간 문제가 발생하는 일이 종종 있다. 과장일 때는 유능한 실무자로서 성과가 좋았는데 부장이나 공장장, 본부장이 되면서 갑자기 팀워크가 살아나지 않고 성과를 내지 못하는 경우가 있다.

때가 되면 나는 과연 리더십을 갖출 수 있을까? 나로부터 시작해 내 주변에 조직이 만들어질까? 그 조직이 경쟁력을 갖춰 큰 조직으로 성장할 수 있을까? 설사 스스로 조직을 꾸리지 않더라도 사회생활을 하는 사람은 대개 리더십에 대해 고민한다. 사회생활 자체가 대부분 조직생활이기 때문이다.

그렇다면 어떤 리더가 될 것인가? 어떻게 리더십을 갖출 것인가? 리더십이란 나 혼자만 잘하는 것이 아니라 함께 잘하도록 이끄는 능력을 말한다. 개중에는 혼자서는 잘하지만 팀을 이뤘을 때 팀원 간의 조율을 이뤄내지 못해 힘들어하는 사람도 있다. 그러나 정말로 잘하려면 내가 잘하는 것은 물론 남도 잘하도록 이끌어야 한다. 이것이 시너지 효과를 얻는 지름길이다.

간혹 시너지 효과는커녕 1+1이 오히려 0.5가 되는 경우도 있다. 말도 안 된다고 생각할지도 모르지만 이러한 상황은 의외로 많이 발생한다. 시너지란 1+1이 2가 아니고 3이나 5, 심지어 10이 되는 것을 말한다. 시너지 효과를 내려면 일을 지혜롭게 처리할 필요가 있다. 우선 내가 내 몫을 잘 해내야 한다. 더불어 남과 어떻게 협력할 것인지, 남과 함께 일하는 방법을 어떻게 개발해나갈 것인지 연구할 필요가 있다.

훌륭한 리더는 '가라'고 하지 않고 '가자'고 말한다. 훌륭한 리더는 '겁'을 주지 않고 '희망'을 준다. 훌륭한 리더는 '부하'를 만들지 않고 '동지'를 만든다.

그렇다면 리더십의 본질은 무엇일까? 리더는 무엇을 하는 사람일까? 리더는 자신이 속한 팀이나 조직의 성장과 발전을 위해 무엇이 중요하고 어떤 개선이 필요한지 늘 생각하는 사람을 말한다. 예를 들어 낚시 동호회를 생각해보자. 동호회의 리더는 지속적으로 낚시와 관련된 정보를 찾아내 연구하고 조사한다. 나아가 그 정보를 회원들에게 알려주고 피드백을 받는다. 리더가 조직의 성장과 발전을 위해 열심히 의견을 제시하고 피드백을 받아 실천하면 그 모임은 성장하게 된다.

만약 회원들이 의무감에서 수동적으로 움직이고 현업에 바빠 아무런 아이디어도 내지 않고 정보 수집에도 관심이 없다가 느닷없이 모여 회의를 한다면 그 모임이 성장할까? 결코 그렇지 않다.

리더는 팀과 조직의 성장을 위해 늘 생각하고 의견을 내는 사람이다. 그러므로 여러분이 리더가 되고자 한다면 나보다 조직을 우선하겠다는 결심을 해야 한다. 사람들은 대개 조직보다 자기 자신을 먼저 생각한다. 우리는 은근히 속이 좁고 이기적이다. 그렇기 때문에 남보다 나를 먼저 본다. 배려심이 부족하고 우선 나부터 잘 되어야겠다는 생각이 앞선다. 하지만 혼자서 일하는 것은 효율성이 떨어지고 성장도 더디다. 일의 효율성, 성과, 성장 등을 고려한다면 분명 남과 더불어 일하는 것이 효과적이다. 이때 필요한 것이 리더십이다. 때문에 팀과 조직이 잘 되려면 리더십은 필수적이다.

리더는 팀과 조직에 헌신해야 한다. 자연인인 나는 시간이 지나면 소멸될 수 있지만 팀이나 조직은 시간이 지나도 남을 수 있다. 그런데 헌신할 생각이 없는 사람이 조직을 만들면 그 조직은 절대 성장할 수 없다. 그만큼 리더는 생각의 폭이 넓고 포용력과 비전, 에너지가 있어야 한다. 만약 리더십을 배우고 싶다면 혹은 리더십을 발휘하고 싶다면 자아를 키워야 한다.

특히 나보다 '우리'의 관점에서 상황을 파악해야 한다. 또한 나와 회사가, 나와 조직이 함께 윈-윈 할 수 있는 방법을 생각하면서 스케일을 키워 나가야 한다. 자연인인 나뿐 아니라 조직의 일원으로서 나와 조직을 함께 성장시켜야 한다.

나는 직업상 다른 회사를 방문하는 경우가 많은데 가끔은 사무실에 놓여 있는 작은 화초에서 리더의 마인드를 추측해보기도 한다. 어떤 곳에 가면 화초가 싱싱하게 잘 자라고 있는 반면, 그 반대인 경우도 많다. 이것은 리더의 마인드 문제다.

책임자가 애정과 관심을 갖고 관리하면 화초는 당연히 싱싱하게 자란다. 화초가 제대로 자라지 못하는 이유는 물을 주지 않아야 할 화초에 물을 들이붓거나 물을 필요로 하는 화초에 물을 주지 않아서이다. 화초를 가꾸는 것, 기업을 운영하는 것, 조직을 꾸려가는 것, 팀을 만드는 것은 모두 공통적인 요소를 필요로 한다. 그것은 바로 '관심'이다.

기업형 발명가로 1093개의 특허를 취득하고 2000여 개의 발명품을 세상에 쏟아낸 토머스 에디슨이 예순일곱 살 때의 일이다. 한창 잘 나가던 에디슨은 갑자기 먼로파크에 있던 공장에 불이 나면서 순식간에 모든 것을 잃고 말았다. 제너럴일렉트릭의 창업자로 "절대 시계를 보지 마라"라고 할 정도로 주위 사람들을 다그치며 악착같이 긁어모은 재산이 몽땅 날아가 버렸다.

그때 자동차왕 헨리 포드가 찾아와 75만 달러를 내놓으며 말했다.

"이자는 받지 않을 테니 돈이 필요하면 얼마든지 가져다 쓰십시오."

한창 성공가도를 달리고 있던 헨리 포드가 에디슨에게 그토록 친절을 베푼 까닭은 무엇일까? 그 이유는 바로 보잘 것 없던 시절 그를 격려한 에디슨의 남다른 관심 때문이었다.

자동차를 발명하겠다고 나선 포드가 주위의 온갖 핀잔과 질시를 받아가며 어려운 시절을 보내고 있을 무렵, 하루는 에디슨이 그를 찾아왔다. 그는 자동차 연구로 정신이 없던 포드에게 자동차의 작동법과 관련해 수없이 질문을 던지며 관심을 보였다. 여태껏 핀잔과 조롱에 시달리던 포드는 에디슨의 관심이 고마워서 열심히 설명을 해주었다. 포드의 설명을 듣고 난 에디슨은 포드를 격려했다.

"자네는 정말 대단한 일을 하고 있군. 열심히 하게나. 앞으로 교통수단에 획기적인 발명품이 등장할 거라고 믿네."

결국 포드는 성공을 거뒀고 에디슨이 곤란한 처지에 놓이자 과거에 보여준 관심에 보답하고자 달려왔던 것이다.

때가 되면 우리는 리더의 역할을 부여받는다. 그러면 리더로서 책임을 지고 의무를 다해야 하는데 그 기초가 되는 것이 바로 관심이다. 내가 맡은 조직에 대해 얼마나 관심을 기울이는가에 따라 정비례로 조직의 성장이 결정된다.

여러분은 여러분이 속한 조직이 성장하는 데 관심이 있는가? 관심을 기울이고, 좀 더 키우기 위해 노력하면 조직은 당연히 성장한다. 심은 대로 거두는 것이 자연의 법칙이자 순리다. 그러므로 리더는 자신이 관심을 받는 데 신경 쓰기보다 조직의 성장과 발전을 위해 무엇이 중요한지 선택하고, 무엇을 개선해야 하는지 살피며 보다 좋은 방법을 실천해 나가야 한다. 그래야만 팀과 조직이 계속해서 발전할 수 있다.

개인은
팀을 이길 수 없다

 비즈니스를 통해 재무적 성과를 올리려면 우선 고객을 잡아야 하고, 고객을 잡으려면 일을 잘 해야 한다. 그런데 일을 잘 하려면 어떤 요소를 갖춰야 할까? 당연히 일을 하는 주체인 '사람'이 좋아야 한다. 기업의 경쟁력은 맨파워, 즉 사람에게 달려 있다. 따라서 기업이 성장하려면 인재 확보와 양성에 집중해야 한다. 사람이 성장하면 일을 잘 하게 되고, 일을 잘 하면 고객이 만족하며, 고객이 만족하면 재무적 성과가 좋아진다. 한 마디로 잘 키운 인재가 인과관계의 선순환을 만들어낸다.

 1992년 미국 대통령 선거에 출마한 빌 클린턴은 당시 하버드대 케네디 정부정책대학원 교수이던 로버트 라이시를 불러 어떤 경제 정책을 수립하는 것이 좋을지 물었다.

"일차적으로 사람에게 투자해야 합니다. 경쟁력 있는 인재를 양성하는 것은 기업들이 투자와 생산을 늘리는 기본 조건이죠."

클린턴의 선거 참모들은 라이시의 제안을 '사람 우선(Put People First)'이라는 선거 캠페인 구호로 포장했고, "중요한 건 경제야, 이 바보야(It's economy stupid)"라는 캐치프레이즈로 단박에 사람들의 마음을 사로잡았다. 제왕학의 스승으로 불리는 일본의 기업인 이하라 류이치 역시 사람의 중요성을 이렇게 갈파했다.

"나는 중요한 일을 할 때 불만, 불안, 불신, 불평 등 불(不)자가 많은 사람은 포함시키지 않는다. 큰일을 할 때 불자가 많은 사람을 넣으면 본인뿐 아니라 다른 사람에게도 악영향을 주어 일을 그르치고 만다."

여기서 인재라 함은 나홀로 잘난 맛에 사는 독불장군이 아니라 리더의 자세를 지닌 사람을 말한다. 앞에서 이야기했듯 조직의 성장과 발전을 위해 무엇이 중요하고 무엇이 필요한지 늘 생각하는 리더가 없다면 그 조직의 성장엔 한계가 있다. 반대로 그런 리더가 있으면 성장 가능성이 높다. 늘 조직을 생각하는 리더가 많으면 많을수록 그 조직은 좋은 아이디어를 계속 실천하고 실현해 지속성장이 가능해진다.

설사 혼자서 일을 시작했을지라도 때가 되면 누군가와 협력해서 일하게 된다. 이때 어떻게 협력할 것인지, 어떻게 하면 조직의 경쟁력을 높일 수 있을지에 대해 연구함에 있어 가장 큰 비중을 차지하는 첫 번째 조건이 리더십이다.

우선 내가 조직의 성장과 발전을 위해 무엇이 중요하고 무엇이 필요한지 생각하는 사람이 되어야 한다. 나아가 나와 함께 일하는 사람이 그런 생각을 하도록 동기부여를 해야 한다. 나와 관계된 모든 사람이 리더적 마인드로 조직을 바라보면 그 조직은 반드시 성장한다.

경쟁력을 높이는 두 번째 조건은 팀을 만드는 것이다. 전문가 시대라 일컬어지는 요즘은 모든 것이 과학화, 세분화되어 한 사람이 필요한 모든 정보를 갖추기가 어렵기 때문에 팀을 만들어야 한다. 물론 과거에는 지식과 정보가 유한했기 때문에 한 사람이 관리하는 것이 가능했다. 하지만 정보의 무한대 시대를 살고 있는 현대에는 한 개인이 필요한 모든 정보를 확보하고 활용하는 것은 거의 불가능하다.

나는 공대에서 기계를 전공한 엔지니어이기 때문에 기계 분야에 대해 큰 자부심이 있다. 언젠가 한 공장에서 컨설팅을 하는데 아이디어를 제안하던 직원이 대체할 만한 재질에 대해 물었다. 지금 쓰고 있는 스테인리스스틸(SUS)이 값이 비싸 바꾸고 싶다는 것이었다. 사실 SUS는 녹이 슬지 않는다는 장점 때문에 다른 것에 비해 네 배 정도 비쌌다. 당시 금속재료에 대해 제공할 수 있는 정보가 그리 많지 않았던 나는 좀 더 정확한 정보를 파악한 후에 도움을 주겠다고 대답했다. 그리고 그 약속을 지키기 위해 금속공학을 전공한 동료를 만나 물어보았다.

"금속재료의 종류가 몇 가지나 됩니까?"

"아주 많습니다. 너무 많아서 금속사전이 있을 정돕니다."

"금속사전에 수록된 것은 몇 종류나 되죠?"

"확실히 알지는 못하지만 최소한 3만 개는 넘을 겁니다."

3만 개의 1퍼센트는 300개인데 내가 아는 수준은 300개는커녕 30개가 될까 말까 했다. 그것도 잘 아는 것은 15개 정도에 불과했다. 나는 3만 개가 넘는 금속재료 중에서 1퍼센트도 제대로 알고 있지 못한 상태였다. 기계를 전공한 사람이 금속에 대해 자신이 아는 최대치를 발휘해도 이미 개발된 지식의 1퍼센트에도 미치지 못한다는 얘기가 아닌가. 그런 지식으로 판단한 것이 어찌 최선이 될 수 있겠는가. 그러므로 우리는 반드시 전문가에게 물어봐야 한다. 금속은 금속 전문가에게, 건축은 건축 전문가에게 자문을 구해서 종합적으로 판단해야 한다.

결국 최상의 판단을 내리기 위해서는 팀워크를 발휘해 함께 일하는 것이 좋다. 나 혼자서는 어느 한 분야를 잘할 수는 있지만 나머지 분야까지 모두 커버할 수는 없다. 그러므로 정말로 일을 잘하고 싶다면 베스트 드림팀을 만들어야 한다. 그러한 팀에 속해 일하면 개인적으로는 물론 팀의 입장에서도 엄청난 시너지 효과를 발휘할 수 있다.

요즘 뜨는 말 중에 SCM(공급망관리, Supply Chain Management) 매

뉴얼이라는 것이 있다. 이것은 기업이 개별적으로 경쟁하는 것이 아니라 협력업체＋생산조립공장＋판매유통 등을 합해 공급 체인을 만드는 경향을 말한다. 이 경우 공급 체인 대 공급 체인이 경쟁하게 된다. 당연한 얘기지만 공급 체인이 경쟁력을 갖추려면 어느 한 부분, 즉 나만 잘해서는 안 된다.

예를 들어 내가 조립공장을 운영한다고 가정해보자. 조립공장은 보통 협력업체로부터 부품을 구입해 조립한 다음 납품한다. 나는 조립에 관한 한 최고의 품질과 생산성으로 철저하게 관리한다. 이처럼 나는 세계적인 기업과 어깨를 나란히 할 만큼 최상인데 만약 협력업체가 C급이라면 어떻게 될까? 협력업체가 납기일을 어기는 것은 물론 분량을 지키지 않고 품질도 엉망이라면? 이런 상태에서는 나도 최상을 유지할 수 없다. C급 협력업체로부터 부품을 구입해 조립하면 아무리 A급 조립업체라 할지라도 최고의 제품을 만들어 낼 수 없다. 이것이 바로 팀의 속성이다.

과거에는 독불장군이 가능했다. 혼자서만 잘해도 충분했다. 그러나 지금은 네트워크, 팀워크, 공급 체인의 시대다. 따라서 누구나 어쩔 수 없이 팀의 일원이 되어야 한다. 팀을 구성하는 것은 필수다.

개인과 팀이 경쟁할 경우 개인이 팀을 이기는 것은 불가능하다. 과거에는 때로 그런 일이 가능하기도 했지만 현재와 미래에는 있을 수 없는 일이다. 지식에 한계가 따르기 때문에 한 사람이 조직과 팀을 이길 수는 없다. 팀은 개인보다 한 수 위에 있다.

그런 의미에서 크라이슬러의 전 회장인 리 아이아코카의 말은 시사하는 바가 크다.

"성공은 당신이 아는 지식이 아니라 당신이 아는 사람과 그들에게 비치는 당신의 이미지를 통해 찾아온다."

세상을 바꾸는 출발점은
바로 나

지금은 혼자 일을 할지라도 내면적으로 리더십에 대한 자세를 필수적으로 갖춰야 한다. 어차피 팀은 혼자로부터 시작해 구성된다. 또한 혼자서 일하는 경우에도 나를 둘러싼 많은 조직 내지 이해관계가 있다. 가족, 단체, 조직은 모두 팀이다.

그리고 이러한 단체나 모임이 성장, 발전하려면 헌신하는 사람이 있어야 한다. 그가 바로 리더다. 리더는 남 앞에서 큰소리치며 그들을 이끌어 나가는 존재가 아님은 이미 주지한 바 있다. 부하직원이 나를 따라와주지 않는다고, 불평하기만 한다면 그 사람은 발전할 수 없다. 중요한 것은 남을 바꾸려면 나를 먼저 바꿔야 한다는 사실이다.

남이 잘 되고 잘 되지 않고는 이차적인 문제다. 일차적인 것은 바로 나 자신에게 있다. 세상을 바꿔나가는 출발점은 나 자신이다. 이를 일깨우듯 어느 학교의 건물 정면에 이러한 글이 내걸려 있는 것을 본 적이 있다.

'Why not change the world!'

왜 세상을 바꾸지 못하는가? 우리가 사는 이 땅을 좋게 바꾸는 일에 도전하라는 의미다. 세상을 살기 좋게 바꾸려면 어떻게 해야 할까? 다음의 이야기는 우리에게 커다란 교훈을 안겨준다.

영국에 숭고한 뜻과 인류애로 똘똘 뭉친 어느 성공회 신부가 있었다. 대학을 졸업한 그는 '나로 인해 세상이 조금이라도 나아졌으면 좋겠다'라고 생각했다. 이러한 의식에 따라 그는 인류를 섬기고 전 세계에 봉사하기 위해 각국을 여행하면서 여러 가지 선교 활동을 펼쳤다.

하지만 몸은 하나뿐인데 세상은 너무 넓었다. 더구나 한 국가 내에서 서로 민족이 다른 경우도 있었기 때문에 그는 시간이 갈수록 지쳐갔다.

그를 더욱 지치게 했던 것은 어느 나라를 가더라도 사람을 만나는 게 일회적이었다는 사실이다. 자주 만날 수 없었던 탓에 그가 아무리 좋은 이야기를 들려주어도 다음에 만나면 그것을 기억하는 사람이 거의 없었다. 다시 말해 어렵게 시간을 내 방문해도 처음 만난 것이나 다를 바 없었다. 그야말로 밑 빠진 독에 물 붓기였다.

자신의 모든 것을 바쳐 20년이나 애를 썼지만 세상이 바뀌는 것을 느낄 수 없었던 그는 절망했다. 바닷가에 무수히 널려 있는 모래알 중 하나 같은 나약한 존재감에 그는 가슴이 먹먹해졌다. 세상은 그야말로 끝이 보이지 않는 호수였다. 호수에 돌멩이를 하나 던져봐야 아주 잠깐 파문이 일 뿐 다시 원래대로 돌아오는 것처럼, 자신이 노력하고 애쓸 때는 반짝 효과가 나타나는 것처럼 보였지만 그것은 아주 짧은 시간에 소멸되어버렸다. 그는 몹시 지쳤지만 그렇다고 꿈을 포기하고 싶지는 않았다.

'그래, 내 꿈이 너무 컸던 거야. 꿈을 줄이자. 조국으로 돌아가는 거야.'

그는 꿈을 줄여 영국을 대상으로 봉사활동을 하기로 했다. 영국으로 돌아온 그는 전국을 돌아다니며 강연을 하고 여러 가지 봉사활동도 펼치면서 동분서주했다. 그는 어느 한 도시를 평균 1년에 한 번 방문하는 식으로 영국 전체를 돌아다녔다. 그런 다음 1년 후에 다시 가보면 활동하는 사람과 환경이 싹 바뀌어 있었다. 그렇게 10년, 20년의 세월이 흐르자 영국이 너무 넓게 느껴졌다. 전 세계를 다니는 것과 마찬가지로 영국을 다니는 것도 쉬운 일이 아니었다.

'세상을 바꾸는 것이나 영국을 바꾸는 것이나 똑같이 어려운 일이구나. 이런 식으로는 내 꿈을 이루는 것은 불가능하다. 1년에 한 번씩 방문하는 것으로 세상을 바꿀 수 있을 거라 여긴 내가 어리석었다. 세상을 바꾸려면 24시간 붙어 있는 수밖에 없을 것 같다.'

새로운 깨달음을 얻은 그는 어느 한 지역 교구에 집중하기로 하고 그곳의 책임자가 되었다. 그런데 24시간 내내 사람들 곁에 딱 붙어서 관찰을 해도 지역 교구가 그리 넓은 것도 아닌데 교회에 나오는 사람이 많지 않았다. 아무리 기다려도 사람들은 그를 찾아오지 않았다. 사람들을 보살피고 싶어하는 그의 마음과 달리 사람들은 이런저런 핑계를 대며 그를 피했다. 그나마 처음 한두 번은 듣는 척이라도 했지만 나중에는 그의 말을 잔소리로 들었다. 다가서면 물러서는 사람들을 어떻게 해야 변화시킬 수 있을까? 전에는 세상이 너무 넓어서 일일이 방문하지 못한 탓에 아쉬움이 컸지만 이제는 아무리 방문해도 효과가 없어 안타까웠다. 그렇게 자신을 피하는 사람들과 신경전을 벌이며 10년, 20년을 보낸 그는 결국 포기하기에 이르렀다.

세월이 흘러 어느덧 그는 꼬부랑 노인이 되었다. 평생 인류를 위해 봉사했건만 흡족할 만한 열매를 거두지 못한 채 인생의 막바지에 접어든 그는 곰곰이 생각에 잠겼다.

'남을 바꾼다는 것은 불가능한 일이구나.'

이제 곧 하늘나라에 가면 하나님을 만나게 될 텐데 어떤 말을 해야 할지 도무지 떠오르지 않았다. 사실은 세상에 이런저런 씨앗을 뿌리고 왔노라고 큰소리를 치고 싶었는데 돌이켜보니 아무것도 해 놓은 것이 없었다.

'남을 바꾸는 것은 불가능하니 나라도 바꾸어야겠다.'

그는 자기 자신을 바꾸기로 결심하고 다른 사람에 대해서는 전혀 신경 쓰지 않았다. 오로지 자기 자신에게만 집중하며 신중하게 행동했다. 남에게 권했던 올바른 삶의 모습을 그대로 지키려 애썼다.

그렇게 시간이 흐르면서 지역 교구 사람들은 신부의 행동에 변화가 일어났음을 알아챘다. 전에는 그렇게 쫓아다니며 요구사항이 많더니 이제는 말없이 기도하고 행동으로 보여주기만 했기 때문이다. 그러자 늙은 신부에게 점점 이상한 일이 일어났다. 옛날에 자신이 다가갈 때는 모두 도망치던 사람들이 자신이 조용히 기도하며 절제된 생활을 하자 저절로 그에게 다가오기 시작한 것이다. 늙은 신부가 자신의 변화에 몰두하고 있는 사이, 주변 상황은 서서히 바뀌어 가고 있었다.

'이상하다. 내가 그토록 다가가려 할 때는 도망치더니, 내가 가만히 있는데 왜 사람들이 가까이 다가오는 걸까?'

신부에 대한 소문이 퍼지면서 주말은 물론 평일에도 교회를 찾아오는 사람이 속속 늘어났다. 그리고 전에는 신부가 강론을 펼치면 앉아서 졸거나 딴청을 부리는 사람이 많았지만 이제는 한마디 한마디에 열심히 귀를 기울였다. 사람들의 행동은 눈에 띄게 바뀌어 갔다. 그러나 그가 그 기쁨을 만끽할 시간은 그리 많지 않았다. 나이가 많이 들어 정력, 체력 등 모든 것이 바닥났기 때문이다. 마지막 숨을 거두던 날, 그는 묘비에 다음과 같은 내용을 기록해달라는 유언을 남겼다.

"나는 젊었을 때 세상을 바꾸고 싶어했다. 그러나 아무리 노력해도 세상을 바꾸는 것은 불가능했다. 다음으로 영국을 바꾸려 했다. 영국을 바꾸는 것 역시 불가능했다. 그다음으로 나는 지역 교구를 바꾸려고 했다. 하지만 지역 교구를 바꾸는 것도 불가능했다. 마지막으로 선택한 것은 나를 바꾸는 것이었다. 그런데 나를 바꾸는 과정에서 오히려 지역 교구 사람들이 바뀌어가는 것을 목격했다.

이제 인생의 마지막 순간을 맞고 보니 아쉬운 것이 참 많다. 만약 내가 젊은 시절에 나를 바꾸는 데 도전했다면 변화하고 성장, 발전하는 나를 통해 지역 교구가 바뀌었을 것이다. 그리고 바뀐 지역 교구를 통해 영국이 바뀌고 세상이 바뀌었을 것이다.

젊은 시절에 나 자신의 성장과 발전, 개발에 충실하고 내가 모범이 되었다면 내가 죽은 뒤에도 세상이 나로 인해 유익해진다는 것을 조금 더 일찍 깨달았을 텐데 아쉽게도 나는 그것을 거꾸로 했다. 나를 바꾸지 않고 남을 바꾸려 한 것은 잘못이다.

이 묘비를 읽는 모든 사람들이여! 다른 사람에게 유익하길 원한다면, 세상이 바뀌길 원한다면 당신 자신을 바꾸는 데 도전하라. 당신이 먼저 성장하고 발전하라. 당신이 삶의 모범이 되어라."

혼자 가려고 하지 마라

팀워크는 어떻게 만들까? 누가 리더가 되어야 할까? 무엇보다 내가 팀의 일원이 되어야 한다는 것이 중요하다. 그리고 팀원 중 누군가는 리더십이 있어야 한다. 리더의 마인드, 태도, 마음자세를 지녀야 한다. 리더의 마음자세란 회사, 조직, 팀의 성장과 발전을 위해 무엇이 필요한지 항상 생각하는 것을 뜻한다. 나아가 리더는 팀의 모범이 되어야 한다. 이것이 바로 조직과 팀에 대한 헌신이다. 리더는 다른 사람에게 하라고 강요하지 말고 스스로 솔선수범해야 한다.

또한 리더는 인내심과 포용력이 있어야 한다. 어떤 리더가 자신이 모범을 보이면 팀원들이 따라줄 것이라 기대하며 매일 청소를 했다. 그런데 그렇게 한두 달이 지나자 이런 말이 들려왔다.

"여기도 치워주세요!"

팀원들이 자신을 청소부로 대하자 그는 리더십을 포기하고 말았다. 리더가 좋은 생각으로 좋은 행동을 하면 팀원들은 그것을 따라주어야 한다. 그렇지 않으면 리더도 사람인 이상 반발심이 생길 수밖에 없다. 그러나 더 중요한 것은 리더가 이 단계를 뛰어넘어야 한다는 사실이다. 팀원들이 정말로 미안한 마음이 들어 자발적으로 움직이도록 하려면 조롱이나 비난의 단계를 감수하고 그 이후까지 일관성 있게 행동해야 한다. 마음속에서 불끈 하고 반발심이 치솟을 때 그것을 여유롭게 넘길 수 있어야 강한 리더다.

"아, 내가 '숏팔'이라서 거기까지는 손이 닿지 않는데 어쩌지?"

리더가 마음의 여유를 잃고 포기하면 그 조직에 리더십이 사라지고 그러면 성장도 멈춘다. 리더는 리더의 마음자세를 꾸준히 유지해야 한다. 한동안 좀 해보고 잘 되지 않으면 금방 포기하는 자세로는 어림없다. '왜 나만 해야 돼? 나만 손해 보는 것 아냐?'라는 생각을 하는 순간 스스로 리더의 자리를 내놓는 셈이다.

어느 마을에 친구들로부터 바보라고 놀림을 받던 소년이 있었다. 동네 아이들은 그 바보 소년을 놀리기 위해 손바닥에 10원짜리 동전과 100원짜리 동전을 올려놓고 마음대로 집어가라고 했다. 그러면 그 소년은 항상 10원짜리 동전을 집어갔다.

어느 날, 인상 좋은 한 아주머니가 소년을 보고 말했다.

"애야, 10원짜리보다 100원짜리가 더 귀중하단다. 다음부터는 100원짜리를 집으려무나."

그러자 그 바보 소년은 싱긋 웃으며 말했다.

"알고 있어요. 하지만 제가 100원짜리를 집으면 아이들이 다시는 그런 장난을 치지 않을 것 아니겠어요? 그럼 저는 더 이상 돈을 벌 수 없잖아요."

한 마디로 리더는 뛰는 놈이 아니라 나는 놈이 되어야 한다. 상대방의 뻔한 수를 읽어내고 그것을 뛰어넘을 수 있어야 한다.

우리 주위에는 상당히 많은 조직이 있지만 그들 모두가 성장, 발전하는 것은 아니다. 그 이유는 개개인이 자기 자신을 키워 나가려는 노력을 게을리하기 때문이다. 조직의 성장에서 무엇보다 중요한 것은 개개인이 수행하는 자기계발 노력이다. 내가 모범이 되면 나와 함께 있는 사람이 영향을 받게 된다.

그렇다면 아무리 모범을 보여도 전혀 관심을 보이지 않고 동조하지도 않는 부하직원은 어떻게 육성해야 할까? 먼저 의식 개혁을 위한 트레이닝을 시도하는 것이 좋다. 마음과 생각이 바뀌어야 행동이 바뀐다. '육성' 이라는 말은 내 스스로 잘하는 것은 물론 동료도 잘하도록 만드는 것을 의미한다. 팀워크는 이러한 육성으로부터 비롯된다. 정말로 리더의 마음자세로 팀을 도와야겠다는 생각을 한다면 혼자 가려고 할 것이 아니라 동료와 함께 가겠다는 자세로 그들을 육성해야 한다.

컨설턴트로 일하는 나는 간혹 부하직원 육성에서 단연 앞서가는 회사를 만나기도 한다. 그들 회사는 모든 리더에게 때가 되면 자신의 후계자를 양성할 것을 요구한다. 그렇다면 그들은 부하직원을 어떻게 육성할까? 무엇보다도 자신이 육성하고자 하는 부하직원에게 적절한 질문을 해서 얻은 정보를 토대로 도움을 주는 행동이 인상 깊었다.

회사의 관리자는 리더에게 이렇게 묻는다.

"자네의 후계자는 누구인가?"

"자네는 누구를 키우고 있는가?"

이때 곧바로 대답을 하면 첫 번째 테스트를 통과한 셈이다. 하지만 내가 고객회사를 방문해 리더에게 어쩌다 이런 질문을 하면 그들 중 대다수는 우물쭈물하거나 망설인다. 육성하는 부하직원이 없기 때문이다. 누군가를 키울 생각도 없고 키우려는 사람도 없는데 무슨 일이 진행되겠는가? 육성하고자 하는 부하가 없다는 것은 첫 단추가 없는 것이나 마찬가지다. 물론 입으로는 조직이 강화되고 경쟁력이 좋아지길 바란다고 말하지만 그들은 실질적으로 하는 일이 없다.

앞서 말한 회사의 리더가 부하직원 중 누군가를 육성하고 있다고 곧바로 대답할 경우 다음 질문으로 넘어간다.

"지금 무엇을 지도하고 있는가?"

"무엇을 가르치고 있는가?"

그렇다고 리더로부터 무슨 거창한 대답을 기대하는 것은 아니다. 다만 후계자가 있고 그 사람의 특성과 능력에 맞게 자질을 향상시키고 있는지 알고 싶을 뿐이다. 그러므로 다음과 같은 대답만으로도 충분하다.

"피터 드러커의 책을 읽고 이번 주까지 독후감을 쓰라고 했습니다."

"아무래도 현장 경험이 필요할 것 같아 현장에 내려 보냈습니다."

"고객과의 직접적인 접촉 경험을 쌓게 하려고 고객을 만나게 했습니다."

관리자의 입장에서 이런 의미 있는 대답을 들으면 그가 리더로서 부하직원을 잘 육성하고 있다고 판단하게 된다. 반면 질문을 받고 우물쭈물하거나 망설이면 '이 사람은 리더로서의 자격이 없구나'라고 추측한다.

혼자 가려고 하지 마라. 마차가 제대로 굴러가려면 두 바퀴가 서로 협조해야 한다. 마찬가지로 스스로 성장하는 것도 중요하지만 동료나 부하직원의 성장을 돕는 것도 그에 못지않게 중요하다. 따라서 자기계발에 힘쓰는 것은 물론 동료나 부하직원도 학습을 하도록 동기를 부여해야 한다. 이것이 팀워크를 키우는 동시에 팀과 함께 성장, 발전하는 길이다.

육성할 사람을 정하지 않고 동료나 부하직원에게 학습 의욕을 부여하지도 않으며 팀워크에 관심이 없으면 개인적으로는 유능할지 모르지만 팀의 리더로서는 합격점을 받을 수 없다. 물론 앞뒤 좌우를 돌아보지 않고 혼자서 열심히 달리면 일등을 할 수도 있다. 그러나 혼자서 고유 기술을 터득해 일을 잘하는 것과 리더십 혹은 팀워크를 발휘하는 것은 다른 얘기다. 이것은 관리 기술 영역이다.

조직생활을 하는 사람은 누구에게나 함께 일하는 사람을 육성할 책임이 있다. 그렇다고 팀원과 부하직원이 함께 성장하도록 거창하게 뭔가를 해야 하는 것은 아니다. 단지 내가 하는 것을 공유하면 된다. '내가 이런 식으로 일지를 써보니 상당히 효과적이었다' '일주일에 한 번씩 업무 피드백을 하면 능률적이다' '이런저런 방식으로 해보니 효율성이 뛰어났다' 등 자신이 터득한 노하우를 공개하라는 말이다.

이러한 분위기가 형성되면 어느덧 서로 마음이 통하게 된다. 좋은 제안을 거절하는 사람은 거의 없다. 그리고 진심은 서로 통하게 마련이다. 겉으로 드러내지는 않지만 사람들은 은근히 누군가가 자신의 멘토가 되어 주기적으로 체크해주길 바란다. 그 마음을 헤아려 동료를 배려하고 함께 성장하는 기쁨과 보람을 느껴보라.

1+1+1=?

팀워크는 숫자로 나타낼 수 있다. 팀원 개개인이 나만 잘났다고 설치는 모래알 집단은 1+1+1이 3이 된다. 눈을 씻고 찾아보아도 팀워크가 보이지 않는 집단은 1+1+1이 3은커녕 2나 1이 되기도 어렵다. 물론 팀워크가 좋으면 1+1+1이 5나 10이 되는 정도를 넘어서서 100이 될 수도 있다. 팀워크는 개인이 내는 것과는 분명 다른 효과를 낸다. 개인은 자기 잘난 맛에 제 맘대로 행동하지만 팀워크는 공동의 목표를 향해 각자 자신의 포지션을 지킨다. 팀에는 나름대로 목표와 방향이 있고 팀원은 그 방향에 맞춰 자기 역할을 해야 하므로 간혹 팀을 위해 개인적으로 절제해야 할 때도 있다.

팀워크의 중요성을 가감 없이 보여주는 스포츠 중 하나가 바로 야구다. 야구선수들은 팀의 전체적인 흐름이나 상황을 보고 판단하는 감독의 사인을 따른다. 예를 들어 무사(無死)에 우리 팀 선수들이 1루와 2루에 진출해 있다고 해보자. 이때 감독이 승리를 위해 점수를 뽑아내는 것이 시급하다고 판단할 경우 번트를 대라고 사인을 보낼 수도 있다. 그러면 평소 홈런을 잘 쳐내는 홈런왕일지라도 그 사인을 따라야 한다. 번트를 시도함으로써 홈런왕 자신은 죽을 수도 있지만 그것이 성공할 경우 대신 점수를 올릴 확률은 높아진다.

개인적인 능력을 보면 홈런왕은 홈런을 날릴 확률이 높다. 그래도 개인의 성적보다 팀의 승리를 위해 양보를 하는 것이 바로 팀워크다. 우리가 팀으로 일할 때는 자신의 포지션을 잘 지켜야 한다. 자신의 실력을 과신하여 다른 사람의 영역을 침범해서는 좋은 팀워크를 이룰 수 없다. 그래도 포지션을 잘 지키며 팀을 위해 양보하는 것, 팀의 목표를 내 목표보다 우선시하는 것, 팀의 목표달성을 위해 헌신하는 것이 팀워크다.

팀의 목표를 따른다는 것은 곧 룰을 지킨다는 것을 의미한다. 결코 내 마음대로 하는 것이 아니다. 팀으로 일하는 그 순간부터 내 마음대로 하면 안 된다. 그렇다면 어떻게 해야 팀원들이 룰을 지켜 개인이 아닌 팀을 위해 일하도록 할 수 있을까? 여기에 대해서는 많은 의견과 이론이 있다. 그중에서 가장 중요한 것은 인간관계와 관련된 이론이다.

예를 들어 내가 무척 좋아하는 사람이 있다고 해보자. 그와 함께 일하는 것이 즐겁고 행복하다면, 그와 함께 있으면 일이 잘 풀리고 마음이 놓인다면, 그를 도와주고 싶고 존경한다면 그가 나에게 어떤 부탁을 하든 절대 거절하지 않는다. 어떻게 해서든 해결해주기 위해 동분서주한다.

반대로 사사건건 시비를 걸고 뒤에 가서 내 험담을 하는 사람이 있다고 해보자. 그가 내가 잘 되는 꼴을 못 본다면 분명 그와 함께 밥 먹는 것도 싫고 그가 있는 자리엔 앉고 싶지도 않게 된다. 이런 상황에서 그가 나에게 팀의 목표를 위해 뭔가 부탁을 한다면, 팀의 성과를 위해 양보해달라고 말한다면 과연 그 부탁을 들어줄 수 있을까? 감성적 동물인 인간에게 이는 불가능에 가깝다.

팀의 목적을 위해 개인이 우선순위를 조정하는 것은 매우 중요한 일인데 왜 양보하지 않는 걸까? 이는 팀원끼리의 신뢰 문제다. 따라서 팀원들이 룰을 잘 지키도록 하려면 팀원 간의 신뢰를 만들어내는 사람이 있어야 한다. 팀원 간 결속력을 높이기 위한 접착제가 필요하다.

팀의 결속력을 다지기 위한 일차적인 과제는 끈끈한 인간관계 형성에 있다. 원만한 인간관계를 넘어 끈끈한 관계를 유지하는 가장 좋은 방법은 상대를 바라볼 때 장점에 집중하는 것이다. 흔히 상대방의 장점을 보는 일에 70퍼센트의 노력을 기울이고, 단점을 보는 일에 30퍼센트를 쓰라고 하지만 이것만으로는 부족하다. 나는 장점을 보는 일에 90퍼센트 이상의 노력을 기울이고 단점을 보는 일에는 많아야 10퍼센트만 쓰라고 권한다. 물론 단점을 완전히 무시할 수 있다면 그야말로 금상첨화다.

오스트리아의 정신의학자이자 심리학자인 알프레트 아들러에게 어느 날 우울증 환자가 찾아왔다. 아들러는 환자를 세심하게 검진하고 여러 검사를 통해 확인해보았지만 딱히 문제가 될 만한 질병의 원인을 찾아낼 수 없었다. 마침내 환자의 증세가 마음에서 비롯된 것임을 직감한 아들러는 우울증 환자에게 약을 처방하며 이렇게 말했다.

"이 약을 먹으면서 꼭 한 가지 할 일이 있습니다. 지금부터 2주일간 매일 타인의 장점을 찾아보고 어떻게 하면 그 사람을 기쁘게 해줄 수 있을까를 연구해 그 일에 헌신하십시오. 그러면 우울증에서 벗어날 수 있을 겁니다."

우울증 환자는 의사의 지시대로 타인에게 도움을 줄 수 있는 일을 찾아 열심히 실천했다. 그러자 갑자기 삶이 새롭게 보이고 기쁨이 흘러넘쳐 2주일 만에 우울증을 완전히 고칠 수 있었다.

사람들 사이에 끼어들어 인간관계를 흩트리거나 나쁘게 만드는 것은 그리 어려운 일이 아니다. 내 주변에 A와 B가 있는데 A에게 가서 B를 험담하고 B에게 가서 A를 험담하면 그만이다. 서로서로 이간질을 하거나 작은 실수나 잘못을 크게 부풀려 말하면 팀워크는 엉망이 되고 만다.

물론 그 반대도 가능하다. '말 한마디로 천 냥 빚을 갚는다'라는 말처럼 누군가가 실수했을 때 당한 사람의 하소연을 잘 들어주고 다독이면 상황은 달라진다. "본심은 그렇지 않을 거야. 그가 그렇게 했다면 그럴 만한 이유가 있을 거야"라거나 "그는 그럴 수밖에 없는 입장이야"라고 허물을 덮어주고 이해시키면 이것이 접착제가 되어 별다른 문제없이 넘어갈 수 있다.

부주의한 말 한마디가 싸움의 불씨가 되고 잔인한 말 한마디가 삶을 파괴한다. 쓰디쓴 말 한마디가 증오의 씨를 뿌리고 무례한 말 한마디가 사랑의 불을 꺼버린다. 은혜로운 말 한마디가 길을 평탄케 하고 즐거운 말 한마디가 하루를 빛나게 한다. 때에 맞는 말 한마디가 긴장을 풀어주고 사랑의 말 한마디가 축복을 준다.

인간관계는 하기 나름이다. 내가 어떤 역할을 하느냐에 따라 우리 팀이 박살날 수도 있고 끈끈해질 수도 있다. 아무리 끈끈한 팀도 단 30일 만에 모래알 집단이 되어 흩어질 수 있다. 30일은 고사하고 팀원들의 행동에 따라 대나무 갈라지듯 한 순간에 갈라질 수도 있다.

반면 서로 이해하고 누군가 실수를 하더라도 믿고 덮어주는 분위기가 형성되면 한 팀으로서 대단한 시너지 효과를 거둘 수 있다. 사랑의 마음이 있으면 안 되는 일이 없지만 서로 양보하지 않으면 팀은 존속되기 어렵다. 이때 고려해야 할 것은 자신이 아니면 할 수 없는 일을 남에게 맡기는 것이 아니라 남이 해서 공을 세울 수 있는 일을 양보해야 한다는 점이다. 양보는 그 일을 다른 사람에게 맡겨도 충분히 성취할 수 있을 때 해야 한다. 큰 사업을 현명하게 운영하는 어느 사업가도 나에게 같은 맥락의 이야기를 들려주었다. 그는 상대방에게 90퍼센트의 이익을 주고, 내 이익은 10퍼센트만 가져오겠다는 정신으로 일하면 오랫동안 일을 잘해낼 수 있다고 했다.

미국인으로부터 가장 많은 존경을 받는 대통령, 링컨의 말을 기억하길 바란다.

"가장 훌륭한 사람이 되려고 하는 사람일수록 사사로운 일에 시간을 낭비하지 않는다. 이쪽에 반쯤의 타당성밖에 없는 일은 크게 양보하고 자신감 있는 일도 조금은 양보하라."

넓고 깊게 보며
전진하라

 팀을 구성해 시너지 효과를 내려면 어떻게 해야 할까? 다른 사람과 함께 팀으로 일하고자 할 때는 다음의 자세를 갖춰야 한다.

 첫째, 내 스스로 리더의 마음자세를 갖는다. 항상 조직의 성장과 발전을 위해 무엇이 중요한지, 무엇이 필요한지 생각한다. 또한 남 탓을 하지 않고 열린 마음자세로 내가 먼저 팀워크를 형성하겠다고 다짐한다.

 둘째, 나 혼자만 성장하는 것이 아니라 팀원들도 함께 성장하도록 동기부여를 한다. 이것은 관심을 기울여 질문하고 확인하는 것만으로도 충분히 가능하다. 함께 잘 해보자거나 같이 가자고 말하는 자세가 필요하다.

 셋째, 팀워크를 위해 사랑, 존중, 존경하는 자세로 팀원들을 바라본다. 팀원들 간에 서로를 아끼면 팀워크가 과거보다 현재, 현재보다 미래에 더욱 발전한다. 이러한 과정에서 팀원인 나는 작년보다 올해, 올해보다 미래에 더욱 잘될 수 있도록 팀워크를 위해 기여할 바를 찾아야 한다.

어떤 상황에서든 남을 탓하는 것은 금물이다. 팀원 하나하나가 '내가 잘하면 조직이 산다'는 자세로 자신의 포지션을 훌륭하게 지켜내야 한다. 타인, 사회, 국가를 탓할 것이 아니라 자기 자신을 돌아보고 단점을 극복해나갈 방법을 찾아야 한다. 아무것도 하지 않고 오로지 남 탓을 하는 데 시간을 보내면 0.0000001퍼센트도 세상은 나아지지 않는다. 불만이나 부족한 것을 내 책임으로 돌리고 '내가 잘해야겠다' '내가 더 노력해야겠다'라고 생각해야 발전한다.

또한 매일 소극적이고 부정적인 정보를 몰아내고 적극적이고 긍정적인 정보를 받아들여야 한다. 인간은 하루에 약 9만 가지의 생각을 하는데 그중 대다수가 부정적인 것이라는 연구 결과도 있다. 심리학자들에 따르면 약 98퍼센트의 사람들이 소극적, 부정적인 쪽으로 기울어진다고 한다.

자기 자신을 불행하게 만드는 10가지 방법이 있다. 정말로 불행해지고 싶다면 이것만 실천하면 된다. 나를 먼저 생각한다. 칭찬받기를 바란다. 사람들이 나에 대해 말하는 것에 신경 쓴다. 다른 사람을 의심하고 질투하고 시기한다. 사소한 일에 신경 쓰며 나를 비난하는 사람을 용서하지 않는다. 나 자신 외에는 아무도 믿지 않는다.

모든 일에서 다른 사람을 내 생각에 맞추려 한다. 나에게 관심을 기울이라고 요구한다. 책임이나 의무에 얽매이지 않는다. 다른 사람을 돕지 않는다. 어떤가? 매우 쉽지 않은가?

일본인이 많이 기르는 관상어 중에 코이라는 잉어가 있는데 이것을 작은 어항에 넣어두면 5~8센티미터밖에 자라지 않는다고 한다. 하지만 커다란 수족관이나 연못에 넣으면 15~25센티미터까지 자란다. 여기가 끝이 아니다. 흥미롭게도 이 잉어를 강물에 방류하면 90~120센티미터까지 자란다.

사람의 능력도 어떠한 환경에 놓이느냐에 따라 고무줄처럼 늘어날 수 있다. 리더가 잘 이끌고 팀원들이 서로 협력하고 존중하는 환경에서는 팀원 개개인은 물론 팀의 성과가 대폭 향상된다. 특히 리더가 남 탓을 하지 않고 적극적, 긍정적인 자세로 일하면 조직이 발전하는 것은 물론 세상이 그 리더를 주목하기 시작한다.

예를 들어 신생조직이 있는데 그 조직이 계속 성장하고 있다고 해보자. 그 신생조직이 다른 조직의 모범이 될 만하면 아직 충분히 성장하지 않았음에도 네트워크에 대한 제안이 들어온다. 이미 탄탄한 네트워크망을 구축한 조직에서 함께 일하자고 손을 내민다. 자신이 마음속으로 '내 미래' 혹은 '내 멘토'라고 상정해두고 본받고자 했던 사람으로부터 연락이 올 수도 있다.

지혜로운 사람은 저돌적으로 돌진하지 않는다. '결국 내가 이길 거야' '우리 팀이 승리할 거야' '우리는 이것에 집중할 거야'라며 나서거나 떠들어대지 않는다. 세상이 나를 알아주지 않는다고 절망하는 대신 남이 알아주든 말든 내 목표를 향해 소처럼 묵묵히 걸어간다.

진정한 A급은 홍보하지 않아도 때가 되면 네트워크가 형성된다. 그러므로 홍보하고 나설 시간에 차라리 자신을 A급으로 끌어올리는 데 힘쓰는 것이 낫다. 나 자신을 보완하고 팀워크를 다지면 어느 순간 내가 만나야 할 사람, 만나고 싶은 사람이 나에게 만나자고 연락을 해온다.

내가 아무리 대단한 조직과 팀을 구성할지라도 세상을 뒤엎을 만한 힘을 갖긴 힘들다. 하지만 내가 한 자리에서 팀워크를 다지고 성장해가는 순간 서서히 네트워크가 만들어지고 연합 팀이 구성된다. 이들은 지구상의 반대편에서 일어나는 일에도 커다란 영향력을 미칠 만큼 엄청난 파워를 갖게 된다. 팀과 팀이 만나 세상을 좌우할 정도로 굳건한 팀이 만들어진다. 거기에 도달하려면 시간을 벌어야 한다. 동시에 거기에 도달하기까지 나와 내 팀을 성장시켜야 한다.

아무리 최고의 팀이라 할지라도 거기에는 한계가 있는 법이다. 하나의 팀은 연합 팀을 이기기 어렵다. 그러므로 오로지 앞만 보고 돌진할 것이 아니라 비전을 세우고 앞뒤 좌우를 살펴가며 전진해야 한다.

이러한 사실을 잘 알고 있는 현대의 기업들은 생존 전략의 일환으로 기업 간 협력을 꾀하고 있다. 지금은 같은 분야에서 충성 없는 전쟁을 벌이는 라이벌 대기업들도 살아남기 위해 서로 손을 잡아야 하는 시대이다. 심지어 분야가 다른 기업 간에도 시너지 효과를 노린 제휴가 늘고 있다. 예를 들어 라이벌 관계의 전자업계가 경쟁기업의 부품을 자사제품에 사용하거나 유통업체가 금융업체와 손을 잡는 등 업계의 상생경영이 보편적인 현상으로 자리 잡고 있다.

신용호 교보생명 창업 회장은 넓고 깊게 보고 전진해야 하는 현실을 타조와 독수리에 비유해 잘 표현하고 있다.

"타조는 지상에서 가장 크고 빨리 달리는 새지만, 날지 못해 전방 일정거리만 볼 수 있다. 저 멀리 낭떠러지나 함정이 있는지도 모르고 뒤돌아보지도 않으며 옆을 살펴보지 않기에 다른 사람, 다른 기업, 다른 나라 사정을 모른 채 무작정 전진한다. 반면, 유유자적하며 하늘을 나는 독수리는 땅으로부터 멀리 떨어져 있어 비현실적이고 환상적으로 보일 수도 있지만, 사실은 앞이나 옆을 멀리 넓게 보고 또한 날아온 과거가 선명해 자신이 갈 길을 교정하며 남들이 어떻게 하고 있는가를 살피기 때문에 미래상이 뚜렷하다."

울타리를 치고
벼랑에서 밀어라

어느 팀의 맨파워가 10이라고 해보자. 그리고 6개월이나 1년이라는 한 주기가 지났을 때 맨파워가 20이 되었다고 가정해보자. 또다시 일정 주기가 지나면 이것은 40이 될 수 있다. 나아가 그 기울기를 그대로 가져가면 이후 맨파워는 80도 되고 160도 될 수 있다.

초기에는 혼자 해도 5나 10이고 팀으로 해도 10이기 때문에 별로 차이가 느껴지지 않는다. 하지만 시간이 지날수록 차이는 점점 크게 벌어진다. 그러다가 어느 순간 세상으로부터 '그 팀은 정말 대단하다'라는 평가를 받으면 팀의 성장률은 그 누구도 막지 못한다.

사실 약한 팀은 강한 팀이 누르면 밟힐 수도 있다. 그러나 일단 세상에 이름을 드러내면 누군가 브레이크를 거는 것이 불가능하다. 다소 거창하게 말해 세상을 정복할 수 있는 드림팀이 되면 누구도 건드릴 수 없다.

물론 1년, 3년, 5년 만에 드림팀으로 거듭나기는 어렵다. 최소한 10년, 20년 후를 내다보고 꾸준히 전진해야 한다. 10년 후 여러분이 속한 조직이 어떻게 되었으면 좋겠는가? 여러분은 20년 후의 조직의 모습을 책임질 의향이 있는가?

10년이나 20년간 한 우물을 팠어도 여러분의 팀이 경쟁력이 없다면 여러분의 리더십과 자세, 생각을 점검해봐야 한다. 팀이 성장, 발전하지 못하는 이유는 대개 팀원들이 팀에 대해 관심이 없기 때문이다. 그들에게는 함께 잘하고자 하는 리더의 마음자세가 없다. 아무리 예쁘고 좋은 화초라 할지라도 물을 주고 햇빛을 쪼여주는 등 지속적으로 노력하지 않으면 자라지 않는 것처럼 팀도 관심을 기울여 가꾸지 않으면 성장하지 않는다.

사회심리학자들에 따르면 지구상의 인구 중에서 성장 동기에 의해 목표를 설정하고 목표 달성을 위해 노력하는 사람은 불과 10퍼센트에 지나지 않는다고 한다. 10명 중에서 9명은 단순히 생존을 위해 활동한다는 얘기다.

진정한 CEO, 진정한 리더는 '나는 때가 되면 물러날 수 있지만 내가 헌신했던 조직이 성장, 발전해 세상을 바꿨으면 좋겠다'라고 생각한다. 또한 멀리 내다보며 당대에는 아니라도 다음 대에는 그렇게 되었으면 좋겠다고 여기며 드림팀을 만들고자 최선을 다한다.

가까운 미래를 위해 급한 마음으로 나아가는 것보다 더 멋진 것은 장기적인 안목으로 진정한 팀을 만들고자 노력하는 자세다. 리더는 드림팀을 만들겠다는 결단을 내리고 그것을 실천해야 한다. 세상에 공짜는 없다. 내가 노력하지 않고 드림팀을 만들 수는 없다. 열매를 맺기 위해서는 그에 따른 수고로움이 반드시 요구되는 법이다.

성공적인 조직을 보면 리더의 마음자세로 실천하는 사람을 발견할 수 있다. '그가 있어서 조직이 살았구나, 그의 노력 덕분에 조직이 성장했구나, 그가 애쓴 덕분에 조직 문화가 만들어졌구나'라는 생각을 떠올리게 하는 사람이 분명 있다. 나는 지금까지 그런 사람 없이 성공한 조직을 본 적이 없다. 여러분 모두, 여러분이 속한 영역에서 때가 되면 '나'로부터 커져 '우리'가 될 수 있다.

내가 독립적인 컨설팅 업체를 차려 막 걸음마를 하고 있을 무렵, 잘 아는 교수님이 컨설턴트 한 명을 추천했다. 대학원을 졸업하고 컨설턴트 일에 관심이 많아 컨설팅 회사에 취업하려고 하는데 함께 일하는 것이 어떻겠느냐고 했다. 물론 나는 선뜻 수락했다.

그는 마치 비서처럼 늘 나와 함께 다녔다. 파워포인트에 능숙한 그는 자료를 만들어주기도 했고 컨설팅과 관련된 여러 가지 보조업무를 도맡아 처리했다. 가끔은 자료를 만들면서 한 수 가르쳐주길 청했는데 사실 나는 그에게 가르쳐줄 것이 없었다. 자료 작성에서는 나보다 그가 100배는 낫다는 생각이 들었다.

"아주 좋아요. 이대로 하면 되겠네요."

하지만 그는 그다지 기뻐하지 않았다. 어쩌면 내가 무성의하게 대답한다고 생각했을지도 모른다. 그렇게 1년이 지나자 그의 실력은 쑥쑥 늘었다. 그는 주로 자료를 작성하거나 내 업무를 지원했는데 시간이 갈수록 내 뒤를 바짝 따라와 나를 긴장하게 만들었다. 그럼에도 그는 자신과 나의 격차가 더욱 커져간다고 생각했다. 나는 그만하면 충분하다고 생각했지만 그는 나를 볼 때마다 절망감을 느낀다고 말했다.

그가 지목한 것 중 하나는 똑같은 자료를 보고도 그와 나의 해석 방식이 너무 다르다는 점이었다. 그는 내가 평범한 자료를 비범하게 해석하는 탓에 자신은 도저히 따를 수 없다고 생각했다. 그렇게 주눅이 든 상태에서 늘 보조업무만 하다 보니 이미 컨설턴트의 자격이 충분했음에도 그는 제대로 대접을 받지 못했다.

어느 날 나는 결단을 내렸다. 겸손이 지나친 그를 위해 스스로 알을 깨뜨리고 나오기를 기다리기보다 내가 알을 깨뜨려주기로 작정했다. 그날도 그가 만든 자료를 갖고 어느 회사에서 강연을 하게 되었는데 목적지에 도착하기 10분 전, 내가 말했다.

"오늘 강연을 직접 해보지 않을래요?"

그는 얼굴까지 벌게지며 절대 안 된다고 손사래를 쳤다. 느닷없이 던진 말이긴 했지만 그 당황하는 정도가 너무 심했다. 그는 강연을 부탁하려면 적어도 며칠 정도는 시간을 줘야 하는 게 아니냐고 따졌다.

"오늘은 절대 안 되고 다음번에는 준비를 해보겠습니다."

"오늘 강사는 나지만 이번에는 우리 둘이 팀을 이뤄 함께 해보는 것이 어떻습니까? 내가 지켜보고 있을게요. 내가 맨 앞자리에 앉아 있을 테니까 당신이 만든 자료를 스스로 설명해봐요. 내가 당신에게 두 가지 권한을 줄게요. 강연을 하다가 말이 막힌다 싶으면 언제든 나를 끌어들이세요. 그러면 내가 곧바로 이어받을게요. 쉬는 시간에 다음에 내가 할 거라고 말하는 것도 좋습니다. 이렇게 준비를 단단히 해두고 하는 것이니까 걱정할 것 없어요. 하다가 힘들면 나에게 넘기세요. 긴장한 탓에 나를 끌어들이는 것조차 힘들다면, 당신이 당황하는가 싶을 때 내가 알아서 일어나 배턴 터치를 할 테니까 걱정 말고 한번 해봐요."

잔뜩 인상을 구기며 고민하던 그는 결국 동의했다. 물론 나는 도중에 일어서서 그의 강연을 이어받을 생각 따위는 추호도 없었다. 속마음을 감춘 채 시치미를 뚝 떼고 맨 앞자리에 앉아 있던 나는 쉬는 시간이 될 때마다 그의 강연을 무조건 칭찬해주었다.

"와, 정말 잘하네요."

"멋져요!"

그는 강연을 하다가 몇번인가 뭔가 망설이는 듯 쭈뼛쭈뼛하며 내 쪽으로 시선을 보내기도 했다. 하지만 나는 그때마다 고개를 돌리고 딴청을 부리면서 그가 계속해서 강연을 하게 만들었다. 내가 눈도 마주치지 않자 그는 차마 내 이름을 부르지 못했고 모든 것을 스스로 감내하며 강연을 무사히 마쳤다.

"와, 정말 잘했어요. 훌륭합니다."

강연을 마치고 잔뜩 상기된 표정으로 내려온 그를 향해 나는 최선을 다해 칭찬의 말을 퍼부었다. 이윽고 돌아오는 길에 그가 말했다.

"저 한 말씀 드려도 될까요?"

"그럼요. 뭐든 말하세요."

"이제 이런 강연은 저한테 다 맡기세요."

어떤 일이든 처음이 어렵지 일단 한 발을 내디디면 그다음부터는 쉬워진다. 그 컨설턴트는 바로 그것을 깨달았다. 이런 것이 바로 육성이다. 우리는 동료에게 성장할 기회를 주어야 한다. 홀로서기를 해야 한다고 그냥 벼랑 아래로 떨어뜨리라는 것은 아니다. 튼튼한 울타리를 쳐주고 스스로 하도록 맡기고 지켜봐주면 된다. 인간을 호랑이로 착각해서는 안 된다.

여러분의 팀을 만들어라. 잠재적으로 팀의 리더가 되어라. 여러분 스스로 리더가 되어야 한다. 팀워크를 만들어라. 내가 팀원으로서 모범이 되어라. 모든 팀원을 사랑하는 마음으로 조직을 키워 조직의 설계자가 되어야 한다.

| 제5장 |

세상에 유익한 씨앗을 뿌려라

나만의
확고한 가치관을 세우라

　사람이 어떤 일을 꾸준히 진행하려면 어떻게 해야 할까? 어떤 일을 시작해서 작심삼일로 끝내지 않고 목표한 곳까지 나아가려면 처음부터 단단히 결심하고 계획을 세워야 한다. 결심이라는 것은 운동화 끈이 풀어지는 것처럼 시간이 흐를수록 느슨해지게 마련이므로 수시로 결심을 다질 수 있는 계기를 만들어야 한다. 이때 결심한 일이 여러 개라면 가장 마음이 끌리는 것부터 시작한다.

　무엇보다 구체적이고 꼼꼼하게 행동계획을 세우는 것이 중요하다. 계획을 장기, 중기, 단기로 나눠 세우는 것은 물론 일일계획표를 작성해 세심하게 관리하는 것이 좋다. 나아가 혼자서 하다 보면 나태해지기 쉬우므로 함께 실천할 친구나 동료를 찾아보는 것도 바람직하다.

어느 식물학자들이 한여름에 극심한 가뭄으로 죽은 나무와 그렇지 않은 나무들을 조사했더니 이상한 결과가 나왔다. 어찌 된 일인지 시냇가에 있던 나무들은 모두 말라죽은 반면, 산등성이에 있는 나무들은 거의 말라죽지 않았던 것이다.

그렇다면 산등성이에 있는 나무들이 시냇가에 있던 나무들보다 수분을 더 많이 갖고 있었다는 얘기인데, 어떻게 이런 일이 가능했던 것일까? 시냇가에 있어 수분을 쉽게 공급받을 수 있었던 나무들은 뿌리를 얕게 내렸지만, 상대적으로 수분이 부족한 산등성이의 나무들은 물을 찾아 뿌리를 깊게 박은 덕분에 가뭄을 이겨냈던 것이다.

이러한 일화를 통해 우리는 어떤 역경이나 어려움을 극복하려면 강한 결의를 다져야 한다는 사실을 배울 수 있다. 인생의 가능성은 자신의 역량에 맞게 한 단계 한 단계 진지하게 살아나감으로써 업그레이드된다.

이때 명심할 것은 크고 비중이 있는 꿈에 집중해야 한다는 사실이다. 물론 그런 꿈을 이루려면 더 많이 노력하고 자기계발을 위해 부단히 애써야 하기 때문에 어렵고 심지어 고통스러울 수 있다. 그래도 큰 꿈을 이루기 위해선 작은 꿈의 유혹을 물리쳐야 한다. 그리 애쓰지 않아도 비교적 쉽게 이룰 수 있는 작은 꿈에 만족해하며 안주해서는 결코 큰 꿈을 이룰 수 없다. 인생이라는 항아리에는 큰 돌부터 먼저 넣어야 한다. 큰 돌부터 넣으면 자갈, 모래, 물의 순서로 항아리를 가득 채울 수 있다. 그러나 작은 것부터 먼저 넣기 시작하면 나중에 아무리 큰 돌을 넣고 싶어도 넣을 수 없다.

직장생활을 하면서 또 컨설턴트로 일하면서 나는 크고 작은 성취감을 맛보았다. 그중에서 가장 기억나는 것은 컨설팅 회사에 근무한 지 3년 되던 해인 1994년에 연수입이 1억 원을 넘었던 일이다. 당시 우리나라에서 샐러리맨의 연봉이 1억 원을 넘는다는 것은 상당히 상징적인 의미가 있었다. 지금도 연봉 1억 원은 고임금에 속하지만 당시에는 그 느낌이 더욱 강했다.

연봉이 1억 원이 되기 전까지 나는 돈을 많이 버는 일이나 성공에 대해 상당히 관심이 높았다. 하지만 연봉이 1억 원을 넘는 순간부터 새로운 의문이 고개를 들기 시작했다. 성공이란 무엇인가? 인생에서 진정 추구해야 할 것은 무엇인가? 어떤 것이 가장 바람직한 내 모습일까?

그러던 어느 날 한 프리랜서 컨설턴트가 저술한 《컨설팅 프로페셔널》을 보게 되었다. 그 책 속의 이야기는 구구절절 내 마음을 후벼 팠고 그것은 컨설턴트를 새로운 시각으로 바라보는 계기가 되었다.

세상에는 다양한 직업이 있다. 의사, 교사, 사장 등 여러 가지 직업이 있는데 그중 하나가 컨설턴트다. 컨설턴트는 특별한 직업이 아니라 세상에 존재하는 매우 다양한 직업 중 하나라는 얘기다. 모든 컨설턴트는 직업인으로서의 의지와 생각이 있어야 하고 자기 직업을 정확히 이해해야 한다.

그런데 직업인으로서 사람마다 가치관이 다를 수 있으므로 컨설턴트 역시 가치관이 다양할 수 있다. 예를 들어 공동체를 사랑하고 가족을 소중하게 여긴다면 가정에 많은 시간을 할애하는 동시에 일을 적게 해야 한다. 일을 많이 하면서 가족을 잘 돌본다는 것은 균형이 맞지 않는다. 가족이나 특별한 봉사단체에 시간을 더 투자하고자 한다면 상대적으로 일을 적게 할 수밖에 없다. 일을 적게 하면 돈을 적게 번다. 만약 컨설팅으로 돈을 벌어 나중에 좋은 일을 하고자 한다면 수입을 늘려야 하므로 일을 많이 해야 한다. 이 경우, 대인관계나 가족관계에서 어느 정도 손해보는 것을 감수해야 한다.

이처럼 모든 일은 어떤 것을 얻으려면 반드시 다른 것을 희생해야 하는 트레이드오프(trade off) 관계에 있다. 모든 것을 동시에 이룰 수는 없다. 이때 중요한 것이 가치관이다. 수입이나 일 등을 선택할 때는 가치관의 우선순위에서 균형 감각을 발휘해야 한다. 절대로 남을 비판하지 마라. 어느 하나를 이상향으로 바라보지 말고 사람마다 자기 인생을 주체적으로 바라보았으면 좋겠다. 모든 직업인은 나름대로의 가치관에 따라 직업을 선택하고 그 일을 자아실현의 장으로 삼아야 한다. 물론 컨설턴트도 그중 하나다.

이 책은 여러 가지 면에서 나에게 상당히 의미가 있다. 그전까지만 해도 성공적인 컨설턴트는 일을 많이 하는 사람, 수입이 좋은 사람, 사회적으로 탁월한 전문성을 인정받는 사람이라고 생각했다. 하지만 이 책을 읽고 나서 그것이 전부가 아님을, 컨설턴트 역시 다양한 색깔을 띠고 있다는 사실을 깨닫게 되었다.

직업은 여러분이 걸치고 다니는 옷에 지나지 않는다. 좋은 직업은 여러분의 인격에 영향을 미치기도 하지만 그렇다고 여러분이 꿈꾸는 모든 것을 충족시켜주지는 않는다. 위대한 성공을 낳는 것은 직업 그 자체가 아니라 일에 임하는 자세다.

모든 인생 항로는 언뜻 비슷해 보인다. 그러나 자세히 살펴보면 각각의 차이가 있음을 발견할 수 있다. 그 차이를 알고 자신의 항로를 결정해야 한다. 13만 5000개가 넘는 세상의 직업 중에 어느 분야로 항해할 것인가는 전적으로 자신의 선택에 달려 있다. 어떤 회사 혹은 어떤 직업이 돈도 많이 벌 수 있고 일하기도 좋다는 주위의 얘기를 듣고 즉흥적으로 진로를 결정하면 나중에 실패하기 십상이다.

여러분은 과연 어떤 모습으로 살아가고 싶은가? 굳이 남을 따라갈 필요는 없다. 나에게는 나만의 인생 스타일이 있는 것이므로 나름대로 가치관을 세워 살아가야 한다.

'가치관'은 개인은 물론 세상을 변화시키는 데도 상당히 중요한 역할을 한다. 세상의 가치관이나 구조는 새로운 뭔가를 깨달은 10퍼센트에 의해 바뀐다. 대다수의 사람이 깨닫기까지는 많은 시간이 걸리지만 최소한 10퍼센트가 먼저 깨달아 그들로부터 시작되는 세상을 바꾸는 행동은 그 파급효과가 크다. 이는 시공을 초월한 '공명현상(共鳴現象, 남의 사상이나 감정, 행동 등에 공감해 자신도 그것을 따르려는 현상)'이 작용하기 때문이다.

지금은 가치관의 퓨전(융복합) 시대다. 세상에는 온갖 갈등과 반목이 거세게 일고 있지만 그 밑을 보면 거대한 통합의 물결이 말없이 흐르고 있다. 그러므로 겉이 아니라 속까지 살펴 가치관의 속성을 읽고 자신이 나아갈 방향을 정해야 한다.

성공을 혼자만의 주머니에 넣지 마라

1998년 9월 12일은 내 인생에서 결코 잊을 수 없는 날이다. 그 주에 나는 정신없이 바빴고 하루도 빠짐없이 만남, 모임, 강연, 지도, 회의가 연달아 있었다. 새벽부터 일을 시작해 회의와 자료 준비로 꼬박 다음날 새벽 4시까지 일한 날도 있었다. 그렇다 해도 다시 아침 6시면 어김없이 출근 준비를 해야 했다. 어떤 날은 밤에 이동하면서 다음 작업을 준비하기도 했다.

어찌나 힘이 들던지 서 있어도 졸음이 쏟아질 지경이었다. 스케줄이 내 한계를 벗어나도 한참이나 벗어나 있었다. 내가 어쩌다 이렇게 겹치기 일에 쫓기게 되었나 하는 자괴감이 밀려들 틈도 없이 자꾸만 달아나는 어리석은 스케줄을 뒤쫓느라 파김치가 되기 일쑤였다.

9월 11일 금요일, 지방에서 밤차를 타고 서울로 올라와 집에 도착하니 새벽 6시 30분이었다. 졸린 눈을 비벼가며 12일의 스케줄을 확인하자 오전 8시부터 12시까지 용인의 어느 연수원에서 강연이 있었다. 그것이 그 주의 마지막 스케줄이었다. 나는 서둘러 씻고 옷을 갈아입은 다음 직접 운전해 바로 용인으로 향했다.

무슨 힘이 어디서 솟아나는지 나도 알 수 없었다. 강단에 선 순간 강의에 쏟아붓는 내 열정은 스스로 생각해도 대단했다. 강연을 하는 동안에는 내 몸이 손끝으로 슬쩍만 밀어도 고꾸라질지도 모르는 상황이라는 것이 전혀 느껴지지 않았다. 내 강의를 듣는 사람들의 초롱초롱한 눈빛만 보면 덩달아 활력이 나는 유전자라도 타고났는지 강연 중에는 힘든 나 자신을 잊었다. 어쨌든 뜨거운 열기 속에서 끝난 그날 강연으로 일주일의 일정을 잘 마무리할 수 있었다.

사건이 일어난 것은 그 이후였다. 주말 오후의 경부고속도로는 정체가 매우 심하다. 그렇지 않아도 어서 돌아가 쉬고 싶은데 차까지 밀리면 큰일이겠다 싶어 허겁지겁 식사를 끝내고 서울로 향했다. 그러나 죽전휴게소를 통과하자마자 차가 막히기 시작하더니 가다 서다를 반복했다.

차는 제대로 움직이지 않는 데다 날은 덥고 가만히 앉아 있으려니 졸음이 쏟아지기 시작했다. 나는 졸음을 쫓기 위해 별의별 짓을 다했다. 팔을 휘휘 저어 보았다가 노래도 불렀다가 이마를 탁탁 때리기도 했다. 하지만 일주일을 너무 피곤하게 보냈던 터라 한번 쏟아지기 시작한 졸음은 쉽게 물러가지 않았다. 어디 가서 차를 세우고 한숨 자고 싶었지만 마지막 휴게소를 통과하고 나니 쉴 만한 데가 없었다. 정말 미치고 환장할 노릇이었다.

간신히 그 지옥 같은 구간을 통과해 올림픽도로로 접어들었지만 교통정체는 좀처럼 풀리지 않았다. 운전을 한다기보다 졸음과 전쟁을 벌이느라 거의 고꾸라질 지경인데 드디어 오른쪽으로 여의도가 눈에 들어오기 시작했다. 익숙한 길로 들어서자 마음이 턱 놓였다.

'이제 5분이나 10분만 더 가면 집에 도착할 수 있다. 다 팽개치고 푹 쉬어야지. 두 번 다시 이번 주처럼 무리한 일정은 잡지 않아야겠다.'

내가 의식을 부여잡고 생각을 한 것은 거기까지였다. 아직 5분이나 10분을 더 가야 집에 도착할 수 있는데 어이없게도 나는 그 자리에서 자동차 핸들을 잡고 스르르 잠이 들어버렸다. 내 인생에서 길이 남을 1998년 9월 12일 오후 2시 30분 무렵, 나는 대한민국에서도 교통량이 많기로 소문난 올림픽도로에서 운전 중에 잠을 잔 사람으로 기록됐다.

물론 살다 보면 실수를 할 수도 있다. 하지만 실수 중에는 봐줄 만한 실수가 있고 결코 해서는 안 될 치명적인 실수가 있다. 내 졸음운전은 생명과 관련된 치명적인 것이었다.

얼마나 지났을까, 눈을 딱 뜨자 내 앞차가 박살이 나 있는 것이 보였다. 내 차는 한쪽으로 기울어져 있었고 어찌 된 일인지 타이어

타는 냄새가 진동했다. 앞차와 뒤차를 보고 내 차를 본 순간 나는 큰 사고가 났다는 것을 직감했다.

'맙소사, 내가 핸들을 붙잡고 잠이 들었구나.'

올림픽도로 한가운데에서 운전자가 핸들을 붙잡고 잠이 들었으니 사고가 난 것은 당연했다. 나는 내가 죽은 줄 알았다. 유령이 되어 그 자리에 앉아 있는 줄 알고 한동안 멍하니 있었다. 그러다 가만히 앉아 좀 더 정신을 차린 다음 차 밖으로 나와 주변 상황을 살펴보았다. 그런데 이게 어찌 된 일인가? 사고가 나긴 했는데 뭔가가 이상했다.

다음의 얘기는 어디까지나 내 추측이다. 내가 잠에 빠져든 것은 사실이다. 그때 아마도 나는 액셀러레이터에서 발을 뗀 것 같다. 차는 비틀거리면서 서서히 움직였다. 웬 차가 오른쪽, 왼쪽으로 왔다 갔다 하면서 정신을 차리지 못하니까 내 주변을 지나는 차들은 모두 방어운전을 했다. 나와 부딪히지 않으려면 그저 피해 가는 수밖에 없었을 것이다. 그야말로 겁을 상실한 채 나 혼자 그 복잡한 올림픽도로를 마음대로 누빈 셈이다.

내 차는 지그재그로 서서히 움직였고 오른쪽 가드레일 쪽으로 밀려가 부딪히기도 했다. 차가 가드레일에 부딪히고 찌지직 타이어가 타면서 마모되기 시작했다. 그렇게 좀 벗어났다가 다시 가서 부딪히고⋯⋯ 또 쥐어박고⋯⋯ 그러다가 드디어 앞 타이어가 터지더니 뒤 타이어마저도 터지고 말았다. 타이어가 터져도 엔진에 힘이 있던 터라 기울어진 상태에서 차는 계속 전진했다.

올림픽대로 오른쪽에 보면 고장 난 차를 세울 수 있는 공간이 있는데, 그때 마침 교통사고가 난 두 대의 자동차가 그곳에 서 있었다. 그런데 잠에 푹 빠져 버린 주인을 보호하기라도 하려는 듯 내 차는 두 자동차 사이의 빈 공간으로 쑥 들어가 버렸다. 덕분에 내 차는 앞차에 막혀 정지했다. 그곳에서 엔진이 꺼졌고 영문도 모르는 채 잠에 빠져 있던 나는 그곳이 안방이라도 되는 양 푹 자고 일어났다.

깨어 보니 뒤차와는 거리가 1미터 정도 떨어져 있었다. 뒤차는 나와 아무런 상관이 없었다. 다만 내 앞범퍼 쪽 모서리가 앞차와 접촉해 있었다. 그래도 차는 그다지 찌그러지지 않았다. 타이어 두 개를 교환한 후 차의 이곳저곳을 살펴보았지만 다른 곳에는 이상이 없었다. 나는 멀쩡한 상태로 집에 돌아왔다.

곰곰이 생각할수록 아찔하고 또 아찔했다. 이 무슨 영화 속에나 나올 법한 일이란 말인가. 나는 조용히 생각에 잠겼다. 그렇게 죽음의 곡예를 했으면서도 다친 데 없이 멀쩡하게 살아났다는 것은 단순히 다행스러운 일로 여기고 넘어가기엔 뭔가 의미가 있다는 생각이 들었다.

'1998년 9월 12일이 내 인생의 마지막 날이라고 해도 나는 할 말이 없다. 내가 분명 죽을 수 있었음에도 살아난 것은 내게 특별한 의무가 있기 때문이 아닐까? 지금부터라도 뭔가 가치 있는 일을 하며 살아야겠다. 그저 바쁘게만 움직이는 것이 아니라 보다 유익하고

남에게 도움이 되는 일을 해야겠다.'

그때부터 내 가치관이 바뀌었다. 그야말로 지금의 삶은 덤으로 주어진 것이 아닌가. 나는 열심히 일하는 것, 최고의 전문가가 되는 것이 전부는 아니라고 생각했다. 내가 속한 조직, 사회, 국가를 위해 그리고 이 시대를 위해 내가 할 수 있는 일이 있다면 힘닿는 대로 참여해 헌신하고자 마음먹었다.

한 달을 살든 1년을 살든 봉사하는 삶을 통해 사람들에게 유익함을 주었으면 한다. 일에 대한 목표보다 팀원들이 나보다 잘 되는 것이 내 열매가 되었으면 싶다. 성공을 꿈꾸는 모든 이가 자신만을 위한 성공이 아닌 더불어 나눌 수 있는 성공을 향해 뛰어가길 바란다.

한 뼘만큼이라도
세상에 기여하기

덤으로 삶을 얻은 이후 나는 내가 할 수 있는 범위 내에서 키우는 것, 육성하는 것, 돕는 것과 관련해 뭔가를 해야겠다는 생각을 했다. 물론 그전에도 마음으로는 늘 봉사에 대해 생각하고 있었지만 실천으로 옮기지 못하고 있는 상황이었다. 그러다가 새로운 삶을 얻고 보니 보다 구체적, 적극적으로 나눔을 실천하기 시작했다. 사실 이웃과 나누는 것은 살아 있을 때 행해야 한다. 그래야 더욱 가치 있고 보람도 있다.

어느 날 돼지가 길을 가다가 암소를 한 마리 만났다. 돼지는 자신이 얼마나 억울한 일을 당하고 있는지 털어놓으며 사람들의 부당함에 대해 하소연했다.

"나는 죽어서 사람들에게 햄과 베이컨을 제공해. 심지어 내 발까지도 족발이라는 이름으로 배고픈 사람들의 배를 채워주지. 그런데도 사람들은 왜 나를 싫어하고 너만 좋아하는 걸까?"

그 말을 들은 암소가 어이없다는 듯한 표정을 지으며 말했다.

"다 이유가 있지. 너는 죽어서 유익한 것을 제공하지만 나는 살아 있는 동안에도 우유를 준단다."

죽은 뒤에 나누는 것은 나눔의 의미를 퇴색시켜버린다. 그러므로 움켜쥔 것은 살아 있을 때 나눠야 한다. 구두쇠 노릇은 자신에게나 해야 하는 일이지 남에게까지 구두쇠 노릇을 하면 안 된다.

가끔은 이런저런 방식으로 나에게 봉사와 관련된 제안이 들어오곤 한다. 예를 들면 몽골 어린이를 위한 봉사활동이나 캄보디아에서 시행하는 사랑의 집짓기 운동에 참여하자는 제안을 받는다. 물론 봉사와 관련된 모든 비용은 본인이 부담해야 한다. 그뿐 아니라 최소한 일주일에서 보름 정도 그곳에 머물며 시간과 노력을 쏟아부어야 한다. 집을 지어 주는 경우에는 땅을 구입해야 하고 건축과 관련된 여러 가지 설비도 마련해야 하기 때문에 비용이 좀 더 많이 들어간다.

나는 단 한 번도 이것저것 재고 따져가며 봉사활동에 나선 적이 없다. 그냥 내가 해야 하는 일이니까, 베푸는 것 그 자체만으로도 행복하니까 선뜻 나섰을 뿐이다.

한번은 크리스천 의사들의 모임 자리에서 특강을 한 적이 있었다. 강연 뒤에 마련된 모임에 참석했더니 그들이 얼마 후에 캄보디아로 의료 봉사활동을 하러 간다고 했다. 내가 호기심이 잔뜩 담긴 눈초리를 보내자 어떤 사람이 나를 보더니 같이 가자고 했다.

"나는 의료진도 아닌데 가도 됩니까? 내가 따라가서 괜히 폐만 끼치면 어쩌라고요."

"아닙니다. 생각만 있으면 도와주실 일은 많습니다. 진료를 하러 간다고 해서 진료와 관련된 일만 하는 것은 아니거든요."

"제가 무엇을 할 수 있는데요?"

"캄보디아에 의료 봉사활동을 하러 가면 사람들이 많이 모이기 때문에 질서유지를 위한 관리가 필요합니다. 번호표도 나눠주고 줄 세워 한 명씩 입장시키는 일도 누군가가 맡아야 합니다. 필요하면 동영상을 보여주면서 교육도 시키고 진료를 받기 전에 사전정리를 해줄 사람이 있어야 하죠. 그것도 진료 못지않게 중요한 일입니다. 또한 진료가 끝나면 처방이 내려진 약을 나눠주어야 합니다. 의사와 간호사는 진료에 집중해야 하니까 그것도 누군가 다른 사람이 해주어야 합니다."

들고 보니 할 일이 꽤 많을 것 같았다. 나는 그 일을 선뜻 수락했다. 무엇보다 진료를 하기 전에 천막을 치는 것은 물론 발동기와 전기를 설치해야 하는데 그것은 의사들보다 공대를 나온 내가 훨씬 더 잘할 수 있을 것 같았다.

그렇게 해서 의료봉사단과 함께 봉사활동을 떠나게 되었고 한 번 다녀온 이후로 계속 권유를 받았다. 아무래도 내 기술이 꽤 쓸모가 있었던 모양이다. 어쨌든 나 역시 꽤 보람을 느꼈던 터라 열심히 따라다녔다.

봉사활동에 참여하다 보면 다양한 나라에서 여러 사람을 만날 수 있다. 현지인은 물론 그곳에 정착한 한인들도 꽤 많이 만난다. 하루는 캄보디아에서 선교사들을 만났는데 서로 인사를 하다가 명함을 건넸더니 대뜸 부탁을 하나 해도 되겠느냐고 했다.

부탁인즉 캄보디아에서 선교사들이 청년들을 가르치고 있는데 일자리가 없어 난감한 지경에 놓였단다. 사실 캄보디아에는 한국인들이 운영하는 사업체가 상당수 있었다. 하지만 취직을 부탁하면 그들이 그다지 우호적으로 나오지 않는다고 했다.

"이곳에서 사업을 하는 한국인들과 평소에 친분을 돈독히 해서 부탁할 일이 있을 때 마음 편히 얘기할 수 있었으면 하는데 어떻게 안 될까요?"

"글쎄요."

"컨설팅을 하신다니까 드리는 부탁인데, 캄보디아에서 사업을 하는 한국인들을 대상으로 특강을 해주시면 여러 가지로 도움이 될 것 같습니다."

"그들을 교육시켜 달라는 겁니까?"

"네. 모임은 저희들이 주관할 테니까 와서 강연만 해주세요. 그러면 선생님이 이곳을 떠나도 이후로 우리가 취업을 부탁하기가 한결 수월할 것입니다."

곰곰이 생각해보니 그것은 번호표를 나눠주고 줄을 세우는 것보다 훨씬 의미가 있는 일인 것 같았다. 당연히 그 일을 맡았다. 선교사들은 캄보디아에서 사업을 하는 한국인을 상대로 세미나를 개최했고 많은 사업가들이 참석했다. 그런데 강연이 끝나자 자기 회사로 와서 직원들을 상대로 강연을 해달라는 부탁이 줄줄이 들어왔다.

뭐든 시작이 어렵지 일단 물꼬를 터놓으면 물이 졸졸 흐르는 법이다. 나는 강연이 없을 때는 줄 세우기를 하고 강연 요청이 들어오면 강연을 하러 갔다. 덕분에 선교사와 한인 사업자들의 일이 순조롭게 풀리면서 여러 사람이 혜택을 보게 되었다.

남을 도우면 그 도움을 받는 사람은 나에게 무척 고마워한다. 하지만 사실 도움을 받는 쪽은 나 자신이다. 봉사활동이 내 정신건강에 엄청나게 도움을 준다. 스스로 '나는 남을 돕고 있어'라는 생각을 하면 자부심도 생기고 삶에 활력이 넘친다.

나는 봉사활동을 하면서 삶의 균형과 가치관에 대해 많은 생각을 했다. 그리고 사회와 인류, 시대를 위해 뭔가 기여하는 삶이 얼마나 행복한 것인지 깨달았다. 랠프 월도 에머슨은 진정한 성공에 대해 이렇게 말했다.

자주, 많이 웃는 것. 현명한 사람에게 존경받고 아이들에게 사랑받는 것. 정직한 비평가의 찬사를 받고 친구의 배반을 참아내는 것. 아름다움을 구별할 줄 알고 다른 사람으로부터 최선의 것을 발견하는 것. 건강한 아이를 낳든, 한 뙈기의 정원을 가꾸든, 사회 환경을 개선하든 자신이 태어나기 전보다 세상을 조금이라도 살기 좋은 곳으로 만들어 놓고 떠나는 것. 자신이 한때 이곳에 살았음으로 해서 단 한 사람의 인생이라도 행복해지는 것. 이것이 바로 진정한 성공이다.

그야말로 내 마음을 꼭 집어서 표현해주는 것 같다. 기회가 올 때마다 봉사활동에 참여하다 보니 가끔은 매달 일주일을 꼬박 봉사활동에 나서기도 했다. 주위 사람들은 봉사활동이 본업인지, 컨설팅이 본업인지 모르겠다고 나를 타박하기도 하지만 나는 봉사하는 삶이 즐겁다.

봉사는
달콤한 열매를 맺는다

나는 국내와 해외를 가리지 않고 어디든 나를 필요로 하는 곳이면 달려가 봉사활동을 했다. 2009년에는 중국에 있는 어떤 사람이 내게 도움을 요청했다.

"중국에 있는 많은 기업인들에게 여러 가지 애로사항이 있는데 그들을 도와줄 수 없겠습니까? 또 한국의 유학생들이 중국에 와서 열심히 공부하고 있는 것은 잘 아시죠? 그런데 그들이 졸업해서 한국에 돌아갔을 때 일자리나 진로 문제와 관련해 고민이 많은 것 같습니다. 그들을 도와주십시오."

그의 부탁은 두 가지 모두 내게 의미가 컸다. 특히 10년 전에 사업상의 여러 가지 이점을 염두에 두고 중국으로 진출한 한국 기업 중에는 요즘 깊은 고민에 빠져 있는 업체가 꽤 있었다. 중국 기업이 성장하면서 오도 가도 못하는 곤란한 상황에 놓이게 되었던 것이다.

나는 열흘간 머물 작정을 하고 중국으로 향했다. 결코 쉽지 않은 일정이었지만 나는 그곳에 가서 업체마다 돌아다니며 강연도 하고 상담도 했다. 그들은 열렬한 호응을 보내주었고 매우 뜻깊은 자리였다며 또다시 강의를 부탁했다.

이후 나는 매달 중국으로 향했다. 그들의 안타까운 현실을 도저히 외면할 수 없었다. 그 일을 시작한 지 벌써 1년이 지났지만 나는 여전히 그들을 돕는 일에서 손을 떼지 못하고 있다. 한 번의 도움은 일시적이기 때문에 효과가 나타나지 않을 수도 있지만 애정을 갖고 꾸준히 지도하고 관찰하면 변화가 생긴다. 다행히 그들에게 긍정적인 변화가 일어났다.

2010년 4월에는 항주 아래에 위치한 이우 시장에서 활동하는 기업인들이 나를 초청했다. 그때 나는 '경영은 숫자다'라는 주제를 놓고 원가분석, 손익, 수익에 대해 강연을 했다. 기대했던 것보다 훨씬 반응이 좋았다. 그 자리에 참석한 많은 기업인들이 큰 도움이 되었다고 고마워했다. 내가 일정을 마치고 귀국하자 그들은 또다시 연락을 취해 KR컨설팅으로부터 지속적으로 도움을 받고 싶다는 말을 전해왔다.

그렇게 다음 달에 다시 이우를 방문했고 그때 세 개 회사가 KR컨설팅과 컨설팅 계약을 맺었다. 순수하게 돕는 입장에서 시작한 일이었지만 계속 강연을 하다 보니 뜻하지 않게 매출이 발생하게 되었다. 나는 중국에서 나를 도와주는 분에게 말했다.

"나는 중국에서 번 돈으로 나나 회사에 이익을 취하고 싶지 않습니다. 중국에서 발생한 모든 수익은 중국에서 사용하고 싶습니다. 이번에 중국 법인을 만들 생각입니다. 수익금을 좋은 일에 사용했으면 합니다. 그것을 맡아서 관리해주십시오. 물론 나도 지속적으로 중국을 방문해 돕겠습니다."

그렇게 해서 '항주 KR경영자문유한공사'가 만들어지게 되었다.

몽골 역시 내가 애정을 갖고 있는 나라로 한번은 어느 모임으로부터 10여 일간 진행되는 봉사활동에 함께 가자는 제안을 받았다. 그때 무려 60명에 이르는 사람들이 몽골을 방문했는데 각자 다양한 봉사활동 내용을 준비해 나름의 역할을 수행했다. 나는 주로 대학교를 방문해 몽골의 대학생들과 교수들을 대상으로 경영학과 관련된 강의를 했다.

그런데 그 봉사활동을 마치고 어느 정도 시간이 흐른 후, 봉사활동을 같이 했던 분들로부터 함께 일하자는 제안이 들어왔다. 게다가 다른 사람까지 소개해주는 것이 아닌가. 그렇게 소개에 소개를 거듭하다 보니 몽골을 방문해 봉사활동을 한 것이 마치 사업을 위한 수단인 것처럼 비춰지지는 않을지 염려되는 지경에 이르렀다.

남을 위해 기쁜 마음으로 내 것을 덜어내면 그보다 더 많은 것을 얻게 되는 것 같다. 물론 처음부터 무언가를 얻게 되리라는 것을 인식하지는 않지만 어떤 일을 끝내고 뒤돌아보면 상황이 늘 그렇게 흘러갔다. 베푸는 것, 봉사, 섬김은 혹시 마르지 않는 샘물이 아닐까? 내 경험은 분명 그렇다고 대답한다. 현재 하고 있는 일을 더 잘하고 싶은가? 그렇다면 기회가 닿는 대로 봉사활동에 참여할 것을 권한다.

캄보디아로 사랑의 집짓기 활동을 하러 갔을 때도 나는 많은 것을 배웠다. 그때 40명 정도의 청년들과 함께했는데 사실 집 짓는 일에 서툴렀던 나는 별다른 기여를 하지 못했다. 그저 방해나 되지 않으면 다행이다 싶을 정도였다. 나는 주로 밤에 보초서는 일이나 열심히 일하는 청년들에게 마실 물을 공급하는 것, 필요한 물자를 운반해 나눠주는 일 등 사소한 것을 담당했다. 부끄럽게도 나이가 많다는 이유로 인솔자나 대표자의 역할을 맡아보기도 했다.

하지만 그 일을 계기로 나는 함께 간 청년들에게 영향력 있는 선배로 자리매김했고, 무엇보다 우리가 뿌려놓은 씨앗을 토대로 캄보디아 캄퐁창주 롱엥 마을의 삶이 한층 발전되었다는 소식에 가슴이 뭉클했다. 우리가 돌아간 뒤에도 사랑의 집짓기 행사는 다른 팀에 의해 이어졌고 가장 가난했던 그 마을은 인근에서 가장 부러워하는 마을로 변화되었다. 우리가 흘린 작은 땀방울 하나하나가 시냇물로 커져 주변을 적시면서 풍요로움을 안겨주었다.

언젠가 친구와 함께 식사를 하다가 동석한 분으로부터 파키스탄에 가서 봉사활동을 펼친 어느 의사 부부의 이야기를 듣게 되었다. 10여 년 전, 그 의사 부부는 파키스탄에서 봉사활동을 하는 선교사로부터 봉사자를 찾는다는 얘기를 들었다. 그곳에서의 생활이 녹록하지 않을 것 같다는 두려움에 망설이기도 했지만 3년 정도 봉사할 결심을 한 의사 부부는 병원까지 정리하고 파키스탄으로 향했다. 예정했던 3년이 지나고 난 후 그들은 귀국하려 했으나 그동안 일을 너무 많이 벌여놓은 바람에 그대로 돌아올 수 없어 3년을 더 있기로 하면서 진행했던 일들이 서서히 결실을 맺는 기쁨을 맛보았다. 조금만 더 도와주면 좋을 것 같아 3년을 더 체류한 의사 부부의 봉사활동은 풍성한 결과를 낳았다. 그들은 지금은 한국으로 돌아와 파키스탄과 지속적으로 연락을 취하면서 재정적인 도움을 주고 있다고 한다.

아주 사소해 보이는 것이라도 봉사를 시작하게 되면 그 봉사가 맺은 열매는 당신에게 어떤 형태로든 보답을 주게 된다. 그 열매는 저절로 얻어지는 게 아니다. 그저 몸으로 부딪쳐 스스로 깨달으면 마음 한구석에 뭉클함이 느껴지면서 뜻하지 않은 선물을 받게 될 뿐이다.

하늘이 나를 세상에 보낼 때 품었던 뜻을 스스로 찾아내 실천해 보자. 가끔은 자기 자신을 돌아보며 지금 나는 제대로 살고 있는가, 나를 세상에 내보낸 뜻에 맞게 사는가를 생각해 봄직하다.

세상에
아름다움을 남겨라

 나는 지금 내가 잘하는 분야에서 나름대로 보람을 느끼고 있다. 그래도 나 자신이 나태하고 게을러지는 것을 경계하기 위해 항상 내 가치관에 대해 생각한다. 왜 돈을 벌려고 하는가? 왜 성공하려고 하는가? 세상을 떠날 때 무엇을 남기고 싶은가?
 우리 모두에게는 자신이 좋아하는 행복의 가치나 보람의 가치가 있다. 나는 현재 의식주에는 문제가 없다. 밥 세 끼 먹고사는 것은 이제 문제가 되지 않는다. 나는 우리나라가 이미 의식주 문제는 극복했다고 생각한다. 정말로 쌀이 없어서 배를 곯을 수밖에 없는 경우에도 종교단체나 자선단체, 하다못해 동사무소를 찾아가 호소하면 배를 곯게 그냥 놔두지는 않는다.
 그런 의미에서 이제는 무엇을 위한 삶을 살 것인가에 대해 가치관을 정립해야 할 때라고 본다. 내 가치관은 분명하다. 내가 만난 모든 기업과 전문가, 그밖에 나와 관계된 모든 사람이 성공했으면 좋겠다. 그들이 건강하게 지속적으로 발전해 꿈을 이루었으면 좋겠다.

나는 그들이 그런 삶을 살 수 있도록 돕고 싶다. 그것이 바로 내 역할인 것 같다. 그리고 내 삶에 대한 평가는 120년 후에나 이루어졌으면 좋겠다. 당대가 아니라 120년이 지나고 난 뒤 내가 이 땅에서 어떤 생각을 갖고 살았는지, 어떤 씨앗을 뿌렸는지, 어디에 헌신하며 봉사를 했는지, 어떤 가치관을 위해 수고했는지 판단했으면 한다. 또한 그것이 과연 겉보기에 일시적인 성과로 끝났는지, 어떤 열매를 맺었는지, 눈에 보이지 않지만 진정한 가치가 담긴 그 열매가 씨앗으로 심어져 거목이 되었는지 살펴보았으면 한다.

내가 지금 수고하고 봉사하고 헌신한 것이 120년 후에 어떤 가치를 지닐까? 그것이 이 사회와 인류에 어떤 영향을 미칠까? 너무 거창하게 생각하는 것 아니냐고 말할지도 모르지만 그래도 나는 큰 꿈을 꾸면서 '나'라는 씨앗을 뿌리고 싶다. 그러한 의식을 실천하기 위해 애쓰는 것이 내가 추구하는 삶이다.

1884년 4월의 어느 날, 신문에 세계적인 거부 노벨이 사망했다는 기사가 실렸다. 사실 세상을 떠난 사람은 노벨의 남동생이었는데 오보가 난 거였다. 그런데 그 기사를 본 노벨은 하늘이 무너져 내린 듯한 충격을 받았다.

"다이너마이트를 발명한 죽음의 상인 노벨, 사망하다."

'내가 죽음의 상인이라고!'

엄청난 충격으로 며칠 동안 밤잠을 못 이루고 괴로워하던 노벨은 이윽고 결심을 했다.

'난 결코 죽음의 상인이 아니야. 그러나 내가 아무런 선의 씨앗도 뿌리지 못하고 죽는다면 나는 고스란히 죽음의 상인으로 남고 말 거야. 인류를 위해 뭔가 봉사를 해야겠다.'

그는 자신의 전 재산을 스웨덴 왕립아카데미에 기부했고, '인류에게 큰 공헌을 한 사람에게 쓰여지길 바란다'라는 그의 유언에 따라 노벨상이 제정되었다. 오늘날 노벨상에 대한 권위는 그 분야에서 가장 뛰어남을 상징하며 이를 수상하는 사람은 커다란 영예를 안게 된다. 그러고 보면 살아 있는 동안의 삶이 전부가 아닌 것 같다. 죽어서 온갖 욕을 먹는다면 무덤에 누워서도 마음이 불편할 것 같지 않은가.

1889년, 인류의 역사를 바꾼 두 아이가 태어났다. 한 아이는 사촌간인 오스트리아인 부부 사이에서 태어났는데, 아버지를 일찍 여읜 그 소년은 알코올 중독자인 숙모 밑에서 성장했다. 그는 열여섯 살 때, 학교를 중퇴하고 극렬분자가 된 아돌프 히틀러다. 또 다른 아이는 미국 텍사스에서 태어났다. 부모의 사랑과 관심을 받으며 자라나 웨스트포인트 사관학교에 입학한 그는 아이젠하워다.

두 사람은 제2차 세계대전에서 만났는데, 그때 한 사람은 독기와 분노를 발산했고 다른 한 사람은 평화를 외쳤다. 그 결과는 역사가 보여주는 그대로다. 광기 어린 전쟁에서 패한 히틀러는 쉰여섯 살 때 대피소에서 자살했지만 수많은 사람들에게 기쁨을 안겨주었다. 반면 아이젠하워가 여든 살의 나이로 눈을 감았을 때 전 세계가 애도의 눈물을 보였다.

나는 지금 이 순간의 삶에 그다지 연연하지 않는다. 그보다는 무엇을 남길 것인가에 더 관심이 많다. 봉사를 할 때 늘 기분이 좋거나 행복한 것은 아니다. 한번은 도움을 절실히 필요로 하는 것 같아 어떤 사람에게 이런저런 비용과 노력을 투자한 적이 있다. 그때 나는 정말로 순수한 마음에서 도움을 준 것인데 하루는 도움을 받은 분이 나에게 항의를 했다.

"도와주려면 제대로 도와야지, 그렇게 찔끔찔끔 도와주면 뭐가 됩니까! 저를 도와줌으로써 당신에게 어떤 유익함이 있는지 모르겠지만 그건 제가 관여할 바가 아니지요. 어쨌든 도와주려면 제대로 도와야지, 대충 도와주면서 도와줍네 하고 생색만 내실 겁니까?"

이 말을 듣고 돌아오는데 마음이 못내 서운하고 씁쓸했다. 내가 왜 이런 말을 들어야 하는가? 나는 순수한 마음으로 봉사하고 섬기려 노력했는데 고맙다는 말은 못할망정 어깃장을 놓지는 말아야 하는 것 아닌가. 내가 뭘 바라고 한 것도 아닌데, 내가 얻는 것도 없는데……. 무척 속이 상했다. 내가 그런 말까지 들어가며 봉사를 해야 하는가 하는 생각도 들었다. 세상일은 당연히 '기브 앤 테이크'로 이뤄진다고 생각해 나를 도우면 당신도 받는 게 있을 거라는 말이 가슴을 더욱 아프게 했다.

그다음 날, 습관대로 교회에 가서 기도를 하며 가만히 앉아 있었다.

'내가 왜 이렇게 좋은 말도 듣지 못하면서 남을 섬기고 봉사하는 일에 애를 써야 하는가? 그저 수고로움만 있을 뿐 보람도 없는데. 도움을 받는 사람은 최소한 감사하는 마음을 가져야 하는 것 아닌가.'

그 순간 문득 새로운 생각이 떠올랐다.

'세상의 모든 가치관은 기브 앤 테이크다. 내가 누군가에게 뭔가를 주면 어떤 식으로든 뭔가를 받게 된다. 감사하다는 인사 자체도 대가다. 그런데 순수한 마음으로 돕고 봉사하고 섬겼음에도 나를 알아주지 않으면 나중에 죽어서 하나님을 만났을 때 생색낼 건수가 생긴다. 세상 누구도 갚지 않았으니 그것은 내가 자랑할 만한 명분이 된다.'

그야말로 엄청난 깨달음이었다. 세상에 뿌리되 그 대가는 나중에 하늘에 가서 받겠다는 놀부 뺨치는 심보가 아닌가. 나는 슬며시 웃음이 나왔다. 내가 주기만 하고 받지 않았으니 그것은 분명 저축을 해둔 것이나 마찬가지다.

내가 대가를 받으면 그 자리에서 정산이 끝나고 만다. 그러나 내가 남을 순수하게 도왔음에도 세상이 나에게 갚지 않으면, 알아주지 않으면 그것은 하늘 곳간에 고스란히 축적된다. 만약 내가 남모르게 선행의 씨앗을 뿌리면 그것은 그대로 하늘 곳간에 남아 있을 것 아닌가. 나는 새로운 가치관을 세웠다.

'언젠가 이 땅을 떠날 때 신 앞에서 자랑거리가 있는 삶을 살아야겠다.'

생각 하나 바꾸었을 뿐인데 갑자기 마음이 편해졌다. 이후로 나는 감사하다는 말조차 듣지 않기 위해 조심했다. 최대한 신중을 기해 남모르게 돕는 방법을 찾았다. 나는 하늘 곳간이 가득해지도록 아무도 눈치채지 못하게 은밀히 돕고 싶다. 세상에서 가장 보람 있는 삶은 봉사와 희생의 흔적이 있는 삶이다.

차원이 다른 삶을
살길 원한다면

　세상에 존재하는 모든 것은 자아실현을 원한다. 하다못해 나무와 꽃도 나름대로 열매와 씨앗을 맺기 위해 애쓴다. 어차피 세상에 나온 이상 풍성한 결과로 기억되고 싶은 게 당연한 것 아닌가. 여러분의 열매는 무엇을 목적으로 하는가? 여러분은 무엇을 위해 인생의 가치를 추구하는가?

　가급적이면 나눔과 세상을 풍요롭게 하는 것에 관해 많이 생각하길 바란다. 예를 들어 '사랑의 실천'을 생각해보라. 사랑을 실천하면 모두가 행복해진다. 알고 있다시피 우리 사회에는 분열, 다툼, 시기, 갈등이 무수히 존재한다. 이 모든 것을 덮을 수 있는 것이 바로 사랑이다. 물론 사랑을 행하는 것이 좋다는 것은 누구나 알고 있다. 그럼에도 진정한 사랑과 베풂을 행하는 사람은 소수에 지나지 않는다.

어떤 사람이 자기 소득에서 매달 10퍼센트를 떼어내 남에게 베푼다고 해보자. 그는 상대적으로 남보다 존경받을 만하다. 어떤 사람은 소문 내지 않고 20퍼센트를 나눠주기도 한다. 또 어떤 사람은 50퍼센트를 뚝 떼어내 남을 위해 쓴다. 자기가 벌어들이는 수입의 절반을 덜어내 사랑을 실천한다는 얘기다. 이것은 정말로 대단한 일이다.

그렇다면 어떤 사람이 수입의 90퍼센트를 남을 위해 쓴다면 어떨까? 혹자는 힘들게 벌어 왜 남을 주냐고 미쳤다고 말할지도 모른다. 누군가는 폭삭 망하고 말 거라고 대신 걱정해줄지도 모른다. 걱정 마시라. 그런 일은 일어나지 않는다. 남을 위해 선한 마음으로 수고를 하면 세상은 그런 사람이 이 사회에 꼭 필요하다고 생각해서 더 잘 되도록 도와준다. 설사 90퍼센트를 나눠주고 10퍼센트만 남길지라도 먹고사는 데 아무런 지장이 없다는 말이다. 세상은 그렇게 좋은 사람이 굶어죽도록 내버려두지 않는다.

90퍼센트를 나누는 사람보다 더 멋진 사람은 무소유를 실천하는 사람이다. 이것은 모든 소유권을 포기하는 것을 의미한다. 단지 관리만 하면서 모두를 풍요롭게 할 뿐이다. 유행가 가사처럼 빈손으로 왔다가 빈손으로 가는 것이 인생 아닌가. 세상에서 주어진 모든 기회를 선한 양심으로 관리해 모두를 풍요롭게 해주고 이 땅에 평화와 행복, 사랑이 증진되도록 돕는 것이 바로 무소유를 실천하는 삶이다.

어떤 방식으로 나눔을 실천하든 그것은 전적으로 자신이 결정할 일이다. 이것은 자신의 믿음, 생각, 수준, 가치관에 따라 결정된다. 바라건대 좀 더 많은 사람이 1퍼센트 나눔이라도 실천했으면 좋겠다. 아무리 어렵고 힘들어도 마음만 있다면 1퍼센트를 기부하는 것은 충분히 가능하다. 조금이라도 일단 나누기 시작하는 사람은 절대 손해 보지 않는다.

오히려 되로 주고 말로 받는다. 1퍼센트를 행하다가 용기와 자신감이 생기면 10퍼센트에 도전하는 것도 좋다. 되돌아오는 기쁨 또한 10배가 되고도 남음이다.

10퍼센트가 잘 되면 30퍼센트에 도전한다. 30퍼센트가 잘 되면 50퍼센트에 도전한다. 그리고 더 해도 되겠다는 생각이 들면 70퍼센트, 80퍼센트, 90퍼센트에 도전한다. 정말로 성숙한 사람은 떠날 때 빈손으로 가려 한다. 이들은 내 손에 있는 모든 것은 사회로부터 얻은 것이므로 사회에 돌려주어야 한다고 생각한다.

어떻게 그처럼 퍼주면서 살 수 있느냐고 반문하고 싶은가? 그러면 우리의 재정 지출을 한번 살펴보자. 여러분은 수입의 범위 내에서 지출하고 있는가? 정상적인 생활을 유지하기 위해 필요한 금액은 얼마인가? 일반적으로 우리의 욕망은 무한하기 때문에 아무리 수입이 많아도 충분하지 않다고 느낀다. 그렇다면 반대로 절제의 미덕을 살려 어떤 상황에서든 남을 도울 수 있다는 자세로 살아가는 것이 낫지 않을까? 인생에 브레이크를 한번 걸어보라. 분명 호흡 자체가 다르게 느껴질 것이다.

　최근에는 우리나라에서도 기부 문화에 대한 관심이 조금씩 확산되고 있지만 선진국에 비하면 아직도 미미한 수준이다. 얼마 전에는 마이크로소프트의 창업자 빌 게이츠 회장과 투자의 귀재 워런 버핏 회장이 사상 최대의 자선기금 운동에 나서서 화제가 되기도 했다. 억만장자들이 앞장서서 '재산의 절반을 사회에 환원하자'는 운동을 벌이고 있다. 미국의 경제전문지 〈포춘〉은 '빌 게이츠와 워런 버핏이 미국의 억만장자들에게 생전 혹은 사망했을 때 개인 재산의 절반을 자선단체에 기부할 것을 선언하도록 독려하고 있다'라고 보도했다.

　워런 버핏은 억만장자들에게 이런 편지를 보내기도 했다.

　"지난 2006년 약 460억 달러에 이르는 재산의 99퍼센트를 자선단체에 기부하기로 결정을 내리면서 더할 나위 없이 행복했다."

　1958년생으로 베이비붐 세대에 속하는 나는 대한민국과 이 땅의 모든 사람에게 빚을 졌다고 생각한다. 알고 있다시피 그 세대는 역사적 고난과 함께 세상의 온갖 어려움과 고통을 겪으며 살아왔다. 그래도 나는 그 시절에 태어난 사람 중에서 꽤나 성공한 편이라고 생각한다. 남이 볼 때 나는 출세한 사람이다. 물론 그 성공은 나 혼자 이룬 것이 아니다. 대한민국 정부와 국민은 모두 내 성공에 기여했다. 모든 사람이 잘 되기는 어렵다고 판단해 소수의 성공한 사람이 나오도록 사회가 배려한 덕분에 내가 출세의 영광을 안았다. 그러므로 나는 이 사회에 빚이 있는 셈이다. 나는 그저 모두가 동시에 잘 될 수 없는 탓에 운 좋게 선발대로 뽑혔을 뿐이다. '너라도 잘 되어 국가와 사회를 풍요롭게 하는 데 기여하라'는 의미로 시험이라는 선별 과정을 통해 뽑힌 선발대다.

사회에 나와서도 나는 자신의 삶을 나눠주며 인생의 깊은 뜻을 실천한 많은 분들에게 빚을 졌다. 대우정밀을 다닐 때 만난 김상환 님, 윤길호 님을 비롯한 선배들은 지금까지도 늘 격려의 모델이 무엇인지 온몸으로 보여준다. 컨설팅 회사를 다니면서 만난 고기전 님, 오순기 님 등 많은 선배들은 후배를 돕는다는 것이 무엇인지, 컨설턴트는 어떤 길을 걸어야 하는지 등을 정확히 가르쳐주었다. 특히 그들은 내 작은 성취에도 항상 큰 격려를 아끼지 않았으며 나보다 더 기뻐했다.

내가 지금껏 나대며 살아온 것은 내가 대단히 특별하고 탁월해서 그런 것이 아니다. 단지 나에게 기회가 주어졌고 사회의 배려가 있었을 뿐이다. 그러므로 나는 모든 사람에게 희망을 심어줄 의무와 사명이 있다. 그게 나눔이고 섬김이자 봉사다. 나아가 행복이다.

나 혼자 행복하고 다른 사람은 모두 불행한 것은 잘 된 일일까? 반대로 나만 빼고 다른 모든 사람이 행복하다면 어떨까? 남이 볼 때 나만 불행해 보이는 인생은 어떠할까? 만약 어떤 사람이 세상과 이웃을 섬기고 다른 사람들을 풍요롭게 한다면 그것은 멋진 인생이다. 설사 남의 눈에 불행해 보일지라도 그의 입가에는 분명 미소가 가득

할 것이다. 내가 바로 그런 모델이 되고 싶다. 그렇게 살고 싶다.

한번 생각해보라. 우리는 진정 어떤 것을 추구해야 할까? 우리가 추구해야 할 열매와 가치는 무엇일까? 이것에 대해 깊이 숙고해볼 필요가 있다. 우리는 사회의 구성원, 대한민국 국민, 그리고 인류의 일원으로서 나름대로 책임 의식과 부담감을 나눠서 지고 나아가야 한다. 이제부터라도 차원이 다른 삶을 추구해보라. 배워서 나만을 위해 쓰는 것이 아니라 남에게 더 많이 주자. 배워서 남에게 나눠주는 인생도 의미와 보람, 가치가 있다. 한 사람의 수고로움을 통해 10명, 만 명이 모두 잘 되는 삶은 얼마나 멋진가.

세상은 어떤 각도에서 바라보는가에 따라 달라진다. 예를 들어 집을 수리할 일이 있어 빨간 벽돌을 찾는 중이라고 해보자. 그것을 몇 장만 구해야겠다는 생각이 머릿속에 각인되는 순간, 어디서든 그 비슷한 것만 보여도 빨간 벽돌이 아닌가 싶다. 빨간 벽돌이 필요치 않던 전날에는 길거리에 빨간 벽돌이 굴러다녀도 눈에 들어오지 않았지만 오늘은 어딜 가든 빨간 벽돌이 제일 먼저 눈에 띈다. 그렇다고 그 전날 길거리에 빨간 벽돌이 없어서 보이지 않았던 건 아닐 게다. 놀랍게도 우리는 편협하다. 내가 보고 싶은 것만 본다.

미국의 어느 텔레비전 프로그램에서 실험을 위해 대형 스크린을 설치하고 두 명의 선수가 농구공을 몇 번이나 주고받는지 알아맞히는 퀴즈를 냈다. 한참 후에 사회자가 스크린을 끄고 횟수를 물어보자 대부분의 사람이 정답을 말했다. 그때 사회자는 두 명의 농구선

수 외에 다른 이상한 것을 본 적은 없느냐고 기습 질문을 던졌다. 예상치 못했던 질문을 받은 사람들은 도통 기억이 나지 않는다는 표정을 지으며 정답을 말하지 못했다. 사회자는 다시 스크린을 켰고 이번에는 아무런 목적의식 없이 편안한 마음으로 화면을 보도록 했다. 그러자 사람들은 너무 놀라 입을 다물지 못했다. 두 선수가 농구공을 주고받는 동안 고릴라 복장을 한 사람이 뒤에 등장해 이상한 자세를 취하거나 쉴새없이 움직이며 심지어는 농구선수를 툭툭 치는 모습도 담겨 있었기 때문이다. 이 실험은 사람은 눈에 보이는 모든 것을 보는 게 아니라 자신이 원하는 것만 보는 경향이 있다는 것을 보여준다.

이처럼 우리는 관심이 있는 것만 본다. 따라서 마음이 어디에 있는가 하는 것은 매우 중요하다. 그것을 알기 위해서라도 자기성찰은 필수적이다. 여러분은 무엇을 이루고 싶은가? 이루고 싶은 것이 있다면 반드시 자기성찰을 해야 한다.

자기성찰은 두 번 하는 것이 좋다. 한 번은 어떤 일을 하기 전에 하는 것으로 이를 BAR(before action review)이라고 한다. 어떤 일을 하기 전에 내가 왜 이 일을 하려고 하는지, 무엇을 위해서 하려는 것인지, 무엇을 얻고자 하는지, 내가 정말로 할 만한 일인지 반드시 BAR을 해야 한다. 두 번째는 잘 되고 그렇지 않고를 떠나 어떤 일을 하고 나서 AAR(after action review)을 해야 한다. 일을 하고 나서 한 번 돌아보라. 목표를 달성했는가? 목표를 달성하지 못했다면 그 원인은 무엇인가? 잘 되었든 그렇지 않든 관계없이 결과를 바탕으로 습관화, 체계화, 시스템화할 것은 무엇인가? 또한 버려할 것은 무엇인가?

이 두 가지를 더해 피드백이라고 한다. 피드백은 우리 모두를 성장시키는 뿌리다. 대표적인 예로 일기를 쓰는 것은 하루 한 번 피드백을 하는 좋은 습관이다. 만약 어떤 사람이 하루에 무조건 피드백을 세 번씩 행한다면 그는 당연히 하루하루 성장할 것임에 틀림없다. 하루에 세 번씩이나 피드백을 할 경우 그 인생, 가치관에서 이뤄지지 않을 꿈은 존재하지 않는다. 최소한 하루에 한 번이나 일주일에 한 번씩 지속적으로 피드백을 하면 자신의 꿈에 조금씩 더 가까이 다가갈 수 있다.

여러분 모두 존경받고 인정받길 바란다. 나를 아는 모든 사람이 내 존재와 이 땅에 살아간다는 것을 감사하는 사람이 되었으면 한다.

KI신서 3104

차갑지도 뜨겁지도 않은 청춘에게

1판 1쇄 발행 2011년 1월 25일
1판 2쇄 발행 2011년 7월 15일

지은이 이강락
펴낸이 김영곤 **펴낸곳** (주)북이십일 21세기북스
출판콘텐츠사업부문장 정성진 **출판개발본부장** 김성수 **경제경영팀장** 류혜정
기획·편집 최진 **본문디자인** 이선영 **해외기획팀** 김준수 조민정
마케팅영업본부장 최창규 **마케팅** 김보미 김현유 강서영 **영업** 이경희 우세웅 박민형
출판등록 2000년 5월 6일 제10-1965호
주소 (우 413-756) 경기도 파주시 교하읍 문발리 파주출판단지 518-3
대표전화 031-955-2100 **팩스** 031-955-2151 **이메일** book21@book21.co.kr
홈페이지 www.book21.com **트위터** @21cbook **블로그** b.book21.com

ⓒ 이강락, 2011

ISBN 978-89-509-2860-5 03320
값은 뒤표지에 있습니다.

이 책 내용의 일부 또는 전부를 재사용하려면 반드시 (주)북이십일의 동의를 얻어야 합니다.
잘못 만들어진 책은 구입하신 서점에서 교환해드립니다.